Perdão

diálogos entre a filosofia e a teologia

RENÉ DENTZ

Perdão

diálogos entre a filosofia e a teologia

Dados Internacionais de Catalogação na Publicação (CIP)
Angélica Ilacqua CRB-8/7057

Dentz, René
  Perdão : diálogos entre a filosofia e a teologia / René Dentz. – 1. ed. – São Paulo : Paulinas, 2024.
  104 p. (Coleção Filosofia em diálogo)

  ISBN 978-65-5808-298-9

  1. Perdão - Aspectos religiosos 2. Filosofia 3. Teologia I. Título II. Série

  24-2124 CDD 234.5

Índice para catálogo sistemático:
1. Perdão - Aspectos religiosos

1ª edição – 2024

Direção-geral: *Ágda França*
Editores responsáveis: *Maria Goretti de Oliveira*
João Décio Passos
Copidesque: *Mônica Elaine G. S. da Costa*
Coordenação de revisão: *Marina Mendonça*
Revisão: *Sandra Sinzato*
Gerente de produção: *Felício Calegaro Neto*
Produção de arte: *Elaine Alves*

Nenhuma parte desta obra poderá ser reproduzida ou transmitida por qualquer forma e/ou quaisquer meios (eletrônico ou mecânico, incluindo fotocópia e gravação) ou arquivada em qualquer sistema ou banco de dados sem permissão escrita da Editora. Direitos reservados.

Cadastre-se e receba nossas informações
paulinas.com.br
Telemarketing e SAC: 0800-7010081

Paulinas
Rua Dona Inácia Uchoa, 62
04110-020 – São Paulo – SP (Brasil)
📞 (11) 2125-3500
✉ editora@paulinas.com.br

© Pia Sociedade Filhas de São Paulo – São Paulo, 2024

SUMÁRIO

Introdução 7
I A atualidade do perdão 11
II Fenomenologia do perdão 29
   Existe o imperdoável? 31
   O perdão e suas complexidades 35
   A memória e a liberdade: caminhos do perdoar 37
   Qual a relação entre esquecimento e perdão? 43
   Qual a relação entre a anistia e o perdão? 44
   O mal, o perdão e a culpa 49
   A gratuidade da graça 52
   A economia do dom: uma perspectiva não violenta 54
   Amor e justiça: a superabundância além
   da regra de ouro 59
**III Ricoeur e Lévinas: hermenêutica e
    pós-hermenêutica da ideia de revelação** 67
   Gratuidade *versus* recompensa: dilemas
   da sociedade contemporânea 78

IV Dimensão teológica do perdão 85
   Memória e historicidade 85
   A influência da Pós-Modernidade na teologia 88
   "Deus sem absoluto" e a vulnerabilidade da condição humana diante da morte – uma reescrita – abertura ao perdão 92

Conclusão 95

Referências bibliográficas 101

INTRODUÇÃO

O perdão é um tema relativamente pouco estudado no campo filosófico. Tal fato se deve, possivelmente, ao vínculo temático teológico. Muitas tradições e correntes filosóficas hesitam em abordar temas dessa natureza. Na teologia, no entanto, devido à sua vinculação com a cristologia e mesmo com a antropologia teológica, existem diversas abordagens. O perdão é daqueles temas difíceis, deslizantes, que incluem uma reflexão teórica e, ao mesmo tempo, uma prática. Propomos um caminho híbrido, no qual a teologia será nutrida pela filosofia, e a filosofia, por sua vez, buscará inspiração teológica. Trata-se de uma discussão que tem como ponto de partida uma síntese entre a memória, a história e o esquecimento.

Teologicamente, o perdão é possível quando pensamos em uma perspectiva de desconstrução de absolutos, em viés pós-moderno, por exemplo. Entender o Reino de Deus como esvaziamento do absoluto, em sua dimensão *kenótica*, é um caminho necessário. O perdão é possível, é difícil, mas existe devido a um ultrapassamento da razão; está em uma lógica da superabundância, do excesso, ao contrário do pensamento causal e da reciprocidade. Ele se aproxima dos caminhos da promessa e do Reino de Deus. O modelo antropológico que pressupomos é o da liberdade em uma abordagem filosófica, e, em uma concepção de inspiração teológica, o da graça, da superabundância. O perdão é um ato de liberdade. Apesar dos determinismos, há a liberdade; apesar do mal, há o perdão. Uma liberdade proveniente da visão cristã do sujeito histórico em contraposição à do determinismo histórico. Para configurar sua tese, ele traz três abordagens fundamentais: a fenomenologia da memória, a epistemologia da história e a ontologia da condição histórica. A memória é considerada como uma lembrança em um determinado momento da história, sendo inseparável do tempo. Por outro lado, há a possibilidade do esquecimento, que se resume a lembrar o passado com fidelidade, não esquecendo os fatos que ocorreram, mas lembrando-os com um olhar diferente daquele vivenciado ou presenciado na época. Dessa forma, o esquecimento torna-se um componente fundamental do perdão.

Em sua abordagem filosófica, o caminho do perdão se revela por meio do dom, do reconhecimento e da ética.

Em um caminho de inspiração teológica, exemplificamos um percurso que vai da lei (quando a reconciliação se torna possível em um primeiro momento), à possibilidade da nomeação de Deus, à revelação e, como consequência, à uma hermenêutica bíblica.

Seguindo um caminho filosófico-teológico, pensamos a esperança e a escatologia do perdão. A esperança desempenha o papel de "descentramento", entre metáforas e parábolas, por um lado, e a extravagância das coisas narradas e o Reino, por outro. Da mesma forma, caracteriza o pensamento criativo como um método de aproximação, que implica uma relação paralela entre filosofia e teologia, mas ambas convergem em uma direção "escatológica".

Por fim, faz-se necessário pensar a "máxima instância filosófico-teológica" do perdão: a lógica da superabundância. A lógica de generosidade que permeia o perdão é um ponto central nos Evangelhos, manifestando-se em parábolas e provérbios de Jesus. No campo ético, o perdão e sua economia do dom, comandados pela lógica da superabundância e do excesso, podem motivar uma nova atuação política e ética em um aspecto universal.

I
A ATUALIDADE DO PERDÃO

O perdão é um tema sempre urgente. Perdoar é uma possibilidade humana, potencializada por Deus. Não se trata de uma obrigação, mas de um belo caminho. Vivemos tempos de conexão de afetos, de ódio, de polarizações. Nas redes, a ideia imediata, simples e aparentemente potente parece ganhar mais espaço. O perdão, a reconciliação, a paz, a compreensão do outro se tornam elementos raros, escassos. Perdoar é um processo; não pode ser superficial e imediato. Como horizonte, aponta para um caminho, mas sem uma temporalidade determinada. É preciso que haja um exercício da memória, uma atestação da dor, da ferida. O problema, muitas vezes, é que não sabemos até onde foi a ferida, quais traumas ela resgatou e despertou. Por isso, perdoar é uma possibilidade e não deve ser visto como um ato de formalismo moral. No entanto, ao percorrer o caminho da memória, pode-se encontrar a paz, uma paz duradoura e real, fruto de uma memória apaziguada.

Os sentimentos humanos muitas vezes se impõem de forma coletiva, fazendo com que muitos sintam e pensem conforme o grupo ou como disseminado por alguns meios e por alguns líderes. É preciso enfatizar que o horizonte de perdão foi instituído de forma mais clara e profunda pelo cristianismo. Portanto, não há possibilidade de vivermos sentimentos cristãos e simplesmente ignorarmos a dimensão do perdão. Em outras religiões, existe a possibilidade do perdão, mas é interessante notar como no pensamento cristão ele ganha maior centralidade. Alguns se equivocam ao citar e defender o antigo código de Hamurabi, da Babilônia, presente no Antigo Testamento, no livro do Deuteronômio, mais precisamente a chamada "Lei do Talião": "Olho por olho, dente por dente". Trata-se de uma perspectiva antiga, que não conhecia ainda a dinâmica da lei do amor, da regra de ouro. Até mesmo líderes não cristãos, como Gandhi, fizeram críticas importantes sobre essa lei: "A antiga Lei do Talião, que afirmava 'Olho por olho', cega a todos". De fato, a História nos mostra que nenhuma sociedade que tenha adotado a lei da vingança (em geral sociedades ditatoriais) tenha alcançado um estado de bem--estar social e mesmo de justiça.

Há uma dimensão também pessoal do perdão. Para alguns, perdoar pode, sim, ser mais fácil do que para outros.

O processo do perdão (é um processo, não um ato isolado) depende muito de qual nível traumático o gesto de afetação alcançou na pessoa ferida. Por isso, para alguns perdoar é mais difícil. Alguns gestos podem ter acessado e resgatado elementos que estavam adormecidos na personalidade do indivíduo que foi vítima. Dessa forma, é fundamental que a pessoa peça perdão (pois não há perdão sem justiça nem sem pedido de perdão) e entenda até onde foi seu gesto, quais consequências causou. O mais equivocado quando tratamos do tema do perdão é banalizá-lo. Perdoar não é fácil, não é um ato banal nem cotidiano. É um gesto da ordem do extraordinário, que demonstra uma enorme capacidade do indivíduo e da humanidade de resgatar valores e as dimensões mais profundas e belas da espécie.

Na clínica psicanalítica, verifico que, na maioria dos casos, a origem das afetações está relacionada a algum evento do passado, traumático, que ainda não foi elaborado. E essa elaboração só pode ser concretizada por um caminho que resulta em um gesto de perdão. Muitos precisam perdoar e elaborar, para alcançar sua liberdade, elementos traumáticos do passado: pais ausentes, pais violentos, irmãos ciumentos, escolas negligentes, traições, frustrações, preconceitos…

O ato de perdoar reorganiza, em um sentido poético, o horizonte da regra de ouro, pois o conteúdo desta exige o poder da imaginação, bem como a abertura a novas possibilidades de significados. Dessa maneira, a justaposição da regra de ouro e do mandamento do amor na narrativa bíblica exige uma saída poética, podendo esta ser desenvolvida em duas dimensões: na simbólica, como no Sermão da Montanha e no Sermão da Planície, onde é desenvolvido o primado do dom sobre a obrigação; e no plano teórico, com a articulação entre a economia do dom e a economia da reciprocidade, permitida pelo dom que gera obrigação.

Na Encíclica *Fratelli tutti*, o Papa Francisco insiste na importância e na dinâmica do perdão como elemento civilizatório à humanidade. Dessa maneira, podemos destacar dois caminhos estabelecidos como vias do perdão: o caminho da alteridade e o caminho do reconhecimento. O segundo se mostra mais fundamental, pois é nele que encontramos a retomada bíblica da regra de ouro e a lógica que servirá de base ao perdão: a lógica da superabundância.

O horizonte comum – da memória, da história, do esquecimento e do perdão – é a experiência pretérita ou mesmo a memória, que é "representação presente de uma coisa ausente marcada pelo selo da anterioridade, da distância temporal" (RICOEUR, 2007a, p. 502). Nesse sentido, a história se mostra como herdeira dos problemas que Platão e Aristóteles colocavam à memória, com destaque para o enigma da presença em imagem da coisa ausente e da anterioridade. Como a memória e a história, o perdão porta a marca da representação presente da coisa ausente. Também o Papa Francisco ressalta a dimensão da representação temporal da memória na Encíclica *Fratelli tutti*:

> A *Shoah* não deve ser esquecida. É o "símbolo dos extremos onde pode chegar a malvadez do homem, quando, atiçado por falsas ideologias, esquece a dignidade fundamental de cada pessoa, a qual merece respeito absoluto seja qual for o povo a que pertença e a religião que professe". Ao recordá-la, não posso deixar de repetir esta oração: "Lembrai-vos de nós na vossa misericórdia. Dai-nos a graça de nos envergonharmos daquilo que, como homens, fomos capazes de fazer, de nos envergonharmos desta máxima idolatria, de termos desprezado e destruído a nossa carne, aquela que vós formastes da lama, aquela que vivificastes com o vosso sopro de vida. Nunca mais, Senhor, nunca mais!" (PAPA FRANCISCO, 2020, n. 247).

Ser possível começar de novo está intimamente relacionado à concepção de perdão, pois ele tem fundamento a partir da dialética do ligar e desligar. Arendt e Ricoeur consideram que o perdão seria a solução para o problema da irreversibilidade da ação humana. Referindo-se ao trabalho de Jankélévitch (1974), o autor apresenta a oposição entre o irrevogável e o irreversível, este último significando a impossibilidade de alguém voltar ao seu passado, como também de este voltar como tal. Já o irrevogável traduz a condição de aquilo que foi feito não poder ser desfeito. A abordagem da memória é uma abordagem reflexiva. Por isso podemos falar de sua dimensão do reconhecimento. A memória pode ser dita como "feliz" pelo fato de ela ser possível, pelo "pequeno milagre do reconhecimento". No lugar de neutralizar o passado do evento, a análise fenomenológica dos atos de reconhecimento tem por tarefa reconhecer uma alteridade complexa, podendo ir da familiaridade absoluta até uma inquietante estranheza do "já visto" indeterminado. Sob o título de "memória impedida", Ricoeur analisa as manifestações patológicas da memória ferida, tais como aparecem no trabalho clínico. Sua principal inspiração é a proposta de Freud. Nesse momento, sua retomada de Freud se dá em direção à obra *Luto e melancolia*, de 1915, na qual o médico austríaco estuda as resistências que o trabalho de interpretação analítica pode encontrar desde o momento em que ele exige do analisando um trabalho de rememoração (FREUD, 2012). Dessa forma, Ricoeur explora a perspectiva freudiana sobre o recalcamento de recordações traumáticas, que são alteradas por comportamentos de repetição:

O luto, dito no começo, é sempre a reação à perda de uma pessoa amada ou de uma abstração construída em substituição a essa pessoa, tal como: pátria, liberdade, ideal etc. Uma abertura é assim fornecida desde o início na direção que tomamos posteriormente. E a primeira questão que se apresenta o analista é de saber por que em algumas doenças vemos surgir, "em consequência das mesmas circunstâncias, no lugar do luto, a melancolia" (RICOEUR, 2000a, p. 87).

O ato de rememorar é referido a uma lembrança do que já aconteceu; por isso, ele é inseparável do tempo, está intimamente ligado à temporalidade, pois o ato de lembrar implica algo que já aconteceu há determinado tempo. Existe uma diferença fundamental entre a lembrança e a memória. A lembrança retoma os fatos em ordem, como se não tivesse acontecido um passado: a coisa não vem mais, sendo que a imagem da coisa é que vem; as lembranças são sempre no plural. Já a memória, que porta elementos mais singulares, é tratada no singular e como capacidade. Também o Papa Francisco nos ensina a importância da memória e sua dinâmica com o esquecimento e a justiça:

> De quem sofreu muito de maneira injusta e cruel, não se deve exigir uma espécie de "perdão social". A reconciliação é um fato pessoal, e ninguém pode impô-la ao conjunto de uma sociedade, embora a deva promover. Na esfera estritamente pessoal, com uma decisão livre

> e generosa, alguém pode renunciar a exigir um castigo (cf. Mt 5,44-46), mesmo que a sociedade e a sua justiça o busquem legitimamente. Mas não é possível decretar uma "reconciliação geral", pretendendo encerrar por decreto as feridas ou cobrir as injustiças com um manto de esquecimento. Quem se pode arrogar o direito de perdoar em nome dos outros? É comovente ver a capacidade de perdão de algumas pessoas que souberam ultrapassar o dano sofrido, mas também é humano compreender aqueles que não o podem fazer. Em todo caso, o que nunca se deve propor é o esquecimento (PAPA FRANCISCO, 2020, n. 246).

Dessa forma, o ato de perdoar pressupõe tempo e luto, mas não se limita a essas instâncias, pois está vinculado a uma aposta no sujeito capaz. Por isso, inclui reconciliação, dom e generosidade. Dessa maneira, está situado entre o trabalho da lembrança e do luto, recontextualizando-os a partir da lógica do dom, da superabundância, para além da reciprocidade, como acontece na dimensão da justiça. Nesse contexto, o ato de perdoar demonstra não apenas uma indeterminação do futuro, mas também o passado que pode ser alterado, pois há uma alteração de sentido. É justamente esse aspecto que Ricoeur defende em *La mémoire, l'histoire, l'oubli* [A memória, a história e o esquecimento], ao abordar a dimensão de uma memória feliz, reconciliada, que concluiu o trabalho de luto e pode encontrar agora a alegria. Sendo assim, a memória, na condição de forma mais significativa para expressar o que aconteceu, é imprescindível no caminho do reconhecimento do indivíduo, que transmite suas experiências e sua existência. Ou seja, o testemunho é compreendido como essencial na passagem da memória para a história, abrindo espaço para um campo hermenêutico. A memória é tão importante de ser pensada quanto a história; não podemos fazer história sem fazer e entender a memória. Por isso, é importantíssimo pensá-la também em uma dimensão reflexiva. Portanto, temos a noção de que o tempo existe porque existe a memória, que nos permite pensar em tais fatos que estão às vezes presos no decorrer do tempo; se temos a noção de ser, é porque, à medida que o tempo foi se passando, fomos descobrindo essa noção; com isso, não posso nem consigo pensar na memória sem pensar no tempo como base fundamental para pensar a memória e depois a história. Com essa concepção de memória, Ricoeur mostra que o homem é capaz de realizar algo, pois o hábito já o tornou confiante em seus atos, em suas teorias. Sendo assim, o "perdão difícil" é pensado como horizonte, como antecipação da memória feliz ou reconciliada. Ricoeur se indaga se seria um ato de vontade em busca de uma reconciliação com o passado, que permanece entre a culpabilidade e a reconciliação, ou seja, "um tipo de trabalho não pontual a respeito da maneira de esperar e de acolher situações típicas: o inextricável, o irreconciliável, o irreparável" (RICOEUR, 2007a, p. 509).

Ricoeur, ao falar do esquecimento, designa "o caráter despercebido da perseverança da lembrança, sua subtração à vigilância da consciência" (RICOEUR, 2000a, p. 80). Nosso filósofo nos faz pensar que na vida cotidiana, às vezes, sofremos com o esquecimento, principalmente quando ocorre o envelhecimento e, com ele, a aproximação da morte. Esse fato provocará uma tristeza: a do fim, por estar se aproximando da morte. Essas pessoas têm em seu horizonte a perda definitiva da memória, ocorrendo a morte de algumas lembranças, independente de elas serem boas ou ruins:

> O esquecimento e o perdão designam, separada e conjuntamente, o horizonte de toda a nossa pesquisa. Separadamente, na medida em que lhes implica, para cada um, uma problemática distinta: para o esquecimento, aquela da memória e da fidelidade ao passado; para o perdão, aquela da culpabilidade e da reconciliação com o passado (RICOEUR, 2007a, p. 536).

Por outro lado, algumas lembranças, diz Ricoeur, o tempo não é capaz de esquecer, como os pequenos ou grandes momentos de felicidade, e às vezes não esperamos lembrar aquilo que acreditávamos ter perdido para sempre.

A observação da sociedade contemporânea, na sua prática, revela então duas forças: de um lado, os resquícios da justiça real, presentes na graça e emprego da anistia, que tende a tudo esquecer; do outro, uma recusa a nada esquecer, como no caso da imprescritibilidade. O perdão não se alinha ao lado do esquecimento. Por isso, Francisco ressalta que o perdão está distante do esquecimento:

> Aqueles que perdoam de verdade não esquecem, mas renunciam a deixar-se dominar pela mesma força destruidora que os lesou. Quebram o círculo vicioso, freiam o avanço das forças da destruição. Decidem não continuar a injetar na sociedade a energia da vingança que, mais cedo ou mais tarde, acaba por cair novamente sobre eles próprios. Com efeito, a vingança nunca sacia verdadeiramente a insatisfação das vítimas. Há crimes tão horrendos e cruéis que fazer sofrer quem os cometeu não serve para sentir que se reparou o dano; não bastaria sequer matar o criminoso, nem se poderiam encontrar torturas comparáveis àquilo que pode ter sofrido a vítima. A vingança não resolve nada (PAPA FRANCISCO, 2020, n. 251).

Na perspectiva da experiência do perdão e da esperança fundada na cruz e na ressurreição, bem como com a liberdade, como seres libertados e curados, no encontro com Deus, podemos concluir que no encontro com Deus experimentamos, pela fé, um perdão que pela primeira vez nos revela nossos pecados. Ele nos liberta e capacita para o encontro com o outro. Ou seja, a graça de Deus está sempre presente, contígua a qualquer momento histórico, assim como subversiva a ele. Não é a autotranscendência humana universal que se torna explícita durante os eventos e as narrações sobre a salvação, mas sim a manifestação visível da doação gratuita e universalmente presente em Deus, permitindo que nos tornemos receptáculos vivos em vez de reiterarmos nossos modos de apropriação do outro que nos forma, o qual é revelado como puramente gratuito. No entanto, uma das intuições reveladas pela doutrina do pecado original nos mostra que o dano da queda foi incidido exatamente em nossa capacidade de receber gratuitamente.

É essa lógica que reorganiza em um sentido poético o horizonte da regra de ouro, pois o conteúdo desta exige o poder da imaginação, bem como a abertura a novas possibilidades de significados.

Na cultura do narcisismo, não há espaço para o outro. O que vale é a vivência das próprias experiências do sujeito para criar melhores condições de exposição do seu "eu". Nessa tendência, não existe lugar para elementos fundantes do existir, tais como o amor, a amizade, o afeto, a gratidão, o perdão e o desejo. "O único interesse da cultura narcísica é delimitar o território limitado de sua existência à custa do gozo predatório sobre o outro. As individualidades não se afeiçoam mais aos corpos que lhe possibilitam prazer e gozo, meras mediações que são para o incremento das suas imagens narcísicas" (BIRMAN, 2019, p. 303). Os rituais perdem espaço; não há mais tempo para simbolizar o nascimento, a vida e a morte. O tempo humano se vai. O virtual intensifica esse caminho, afinal, nele não existe nem mesmo realidade. O que resta é a solução imediata, o tempo sobre o tempo, o desejo sobre o desejo. E assim, em um determinado momento, há uma quebra, uma ruptura, um ato violento, que nada mais é do que resultado de todo um processo muito antes iniciado. A violência não surge do nada; ela é o fim de um processo que precisa ser entendido em suas origens.

O ser humano delira estar em segurança, enquanto é só uma questão de tempo até que seja arrastado pela violência até ao abismo. Nos tempos atuais, a sua vulnerabilidade é mais exposta do que nunca: presente em seu próprio eu narcísico e até nas consequências do seu desrespeito ao meio ambiente.

Diversas formas de violência afetam os sujeitos. A tendência a eliminar a dor por elementos externos, quer miméticos (livros de autoajuda), quer medicamentos psicotrópicos, porta um excesso de artificialização. No entanto, a violência surge também como excesso de positividade no ideal de perfeição, de felicidade absoluta, de modelos a seguir.

O sujeito contemporâneo vive um desamparo, apesar de não se perceber nessa condição, pois neuroticamente encontra saídas. Ele procura gerenciar o desamparo de diferentes formas. As religiões, por exemplo, buscam fornecer essa saída. No entanto, essa saída parece fornecer infinitos desejos miméticos, sempre um mais além definido, absoluto e certo. Uma certeza ideal, que se transforma em intolerância moral e mesmo em moralismos perversos. O incremento vertiginoso do consumo de drogas no Ocidente se funda naquilo que o discurso freudiano denominou "mal-estar na civilização". Esse mal-estar se articula em torno da oposição entre as exigências da força pulsional e suas possibilidades psíquicas de satisfação; estas últimas sendo reguladas pela ordem simbólica. Essa oposição se caracteriza pela assimetria, na medida em que a pulsão é uma força constante inserida na ordem da continuidade, que para se satisfazer precisa inscrever-se na ordem da descontinuidade dos símbolos. Somente assim é possível para o sujeito a invenção de objetos capazes de promover a experiência da satisfação. Essa assimetria é a condição de possibilidade da angústia, já que indica permanentemente ao sujeito a sua condição estrutural de desamparo (BIRMAN, 2019, p. 242).

Em nossos dias, quanto mais vivenciamos um mundo de interações, maiores complexidades surgem. A ordem parece se extinguir, dando lugar ao caos e ao aleatório. No entanto, o caos assusta. Diante de um cenário sem resposta em um primeiro momento, o ser humano tende a se apegar emocionalmente a um conteúdo de solução clara e rápida (mesmo que paranoica e irreal). Todo esse contexto abre enorme espaço para as paranoias. O conhecimento paranoico se fundamenta por meio do eu; por isso uma sociedade narcisista tende a ser uma sociedade de maior pós-verdade. Nesse contexto, é pelos olhos do outro que conhecemos o mundo; portanto, desconhecemos que somos um outro. Pelas "redes" que conhecemos, e delas nos alimentamos e validamos esse mesmo conhecimento.

O ato de perdoar foge a regras racionais, uma vez que não apresenta nem antes nem depois. O paradoxo é aquele do reencontro que ocorre com aquilo que advém. O perdão pode ser compreendido como um uso "poético" da memória, que propicia a superação da falta de memória ou do esquecimento excessivo, bem como do excesso de memória, o que permite o trabalho da lembrança e a narrativa das histórias do passado de outra forma. Perdoar passa a ter uma função de ressignificar um trauma ou uma dívida do passado. Dirige-se não aos acontecimentos cujas marcas devem ser protegidas, mas à dívida cuja carga paralisa a memória e, por extensão, a capacidade de se projetar de forma criativa no porvir.

Sendo assim, o ato de perdoar pressupõe tempo e luto, mas não se limita a essas instâncias, pois está vinculado a uma aposta no ser humano livre. Por isso, inclui reconciliação e generosidade. Está situado entre o trabalho da lembrança e do luto, recontextualizando-os a partir de outra lógica, para além da reciprocidade, como acontece na dimensão da justiça. Nesse contexto, o ato de perdoar demonstra não apenas uma indeterminação do futuro, mas também o passado que pode ser alterado, pois há uma alteração de sentido.

Para a vítima confrontada com a irreversibilidade, o perdão é primeiro a manutenção do lugar de apelo ao ser em si. Nessa manutenção, ela é capaz de se ligar ao seu corpo em uma nova configuração e de se distanciar de sua característica precedente. No centro dessa abordagem aparece a mensagem: o amor se torna realidade diante dos elementos trágicos oriundos da culpa, da ação que feriu.

A amizade no perdão está no fundamento de um mundo mais pacificado e mais feliz, porque ela o porta e o desenvolve, sendo recurso contra o mal, que deve ser entendido como ação: a violência, a desigualdade, o preconceito etc. Ela se desenvolve na mutualidade expressiva de um e outro homem desde a origem, do mais íntimo do corpo e da alma do homem até o mais profundo do que o homem pode conservar do mundo, do si e da origem. Ela é conhecida como portando em seu paroxismo suas capacidades de emoção, de atenção, de memória e de imaginação, de ser e de prometer, de decidir, de conhecer e de reconhecer. Ela é expressividade, alternância no ritmo modulado de silêncio e de expressão, e capacidade de voltar a essa alternância uma vez que ela foi perdida.

II
FENOMENOLOGIA DO PERDÃO

Paul Ricoeur, importante filósofo francês contemporâneo, em sua abordagem fenomenológica, relaciona a origem do sujeito ao perdão e a sua superação da falta. Para ele, a identidade humana e a liberdade estão intrinsecamente ligadas ao perdão. A liberdade é a base da responsabilidade humana, mas também leva à culpabilidade. Nenhum ser humano escapa da culpabilidade, pois ela representa a liberdade reduzida à escravidão. Ricoeur argumenta que toda a humanidade é coletivamente culpada, mas também carrega a esperança de libertação. Os mitos desempenham um papel importante na descrição do voluntário e do involuntário, transmitindo a ideia de inocência como desejo, coragem e experiência imaginária.

Em seu livro *La mémoire, l'histoire, l'oubli* (2000a), Ricoeur sintetiza o tema do perdão junto com a memória, a história e o esquecimento, estabelecendo conexões entre eles. Sua análise dialoga com diversos autores e obras relacionadas ao tema. Ele apresenta a equação do perdão, que coloca em extremos a profundidade da falta (culpa) e a altura do perdão. Essa concepção não se baseia em uma visão metafísica, mas em um fundamento antropológico que reflete a raiz inexplicável da ação humana. Ricoeur utiliza a noção de *illeidade* de Lévinas para situar o perdão como algo conceitualmente irrepresentável. A linguagem do perdão é a linguagem do "há perdão".

Ao longo de sua investigação fenomenológica, Ricoeur (2000a) amplia o repertório das capacidades humanas, incluindo a capacidade de lembrar, testemunhar, compreender historicamente, esquecer e, mesmo que seja difícil, perdoar. Ele busca conciliar a fenomenologia da memória com a hermenêutica da memória, enquanto delimita sua concepção antropológica mais profunda, que culmina na ideia do sujeito capaz de perdoar.

No contexto de sua análise sobre o testemunho, Ricoeur destaca a importância da confiança como uma atestação biográfica fundamental para a segurança linguística, necessária à sobrevivência da sociedade. No entanto, ele reconhece que essa confiança presumida nem sempre está à altura das experiências extraordinárias das testemunhas históricas. Ele levanta questões sobre o reconhecimento do testemunho de eventos extremos, como o testemunho de um sobrevivente de um campo de concentração em Auschwitz. Seria possível reconhecer seu testemunho, mesmo que ele próprio não pudesse narrar a própria morte? Essas questões destacam a complexidade do perdão e a relação entre testemunho e interpretação.

Existe o imperdoável?

Na dimensão do *tremendum horrendum*, os conceitos de "irreparável", "imprescindível" e "imperdoável" se enraízam. No entanto, não podemos enquadrar o perdão na dicotomia do "perdoável e imperdoável", pois simplesmente "existe o perdão". Como afirmou Ricoeur, "existe o perdão, assim como existe a alegria, a sabedoria, a loucura, o amor. O perdão, precisamente, faz parte dessa mesma família" (RICOEUR, 2000a, p. 605). O perdão se revela como expressão dos limites da justiça no conjunto da obra de Ricoeur. Em *La mémoire, l'histoire, l'oubli*, o autor destaca a centralidade que o perdão assume em seu caminho intelectual e existencial. Podemos identificar duas linhas de argumentação sobre o tema: o perdão possibilita uma descontinuidade epistemológica na compreensão da reciprocidade, pois pressupõe o imperdoável, e, ao mesmo tempo, emerge de uma lógica de doação, generosidade e superabundância;

a reflexão sobre o perdão, a partir de uma análise de nossa condição histórica, desenvolve-se no horizonte do Holocausto, desafiando-nos a pensar o irreparável no século XX.

"Aí está o perdão" (RICOEUR, 2000a, p. 594): é em torno desta afirmação que se constrói todo o epílogo do livro. Poderíamos interpretá-la dizendo: "Aí está o dom do perdão". Mas será que esse dom realmente existe? A resposta positiva não é evidente, considerando que a "equação do perdão" repousa sobre duas grandezas aparentemente inconciliáveis: a injustificabilidade do mal e a impossibilidade de perdoar. É uma "longa odisseia" ou uma jornada através das instituições sociais confrontadas com esse problema que permite a Ricoeur transformar o "pequeno milagre do reconhecimento" – o que Derrida chama de "possibilidade impossível" e Hannah Arendt chama de "milagre do perdão" – no grande milagre da reconciliação (GREISCH, 2004, p. 892-893).

Embora para Ricoeur o perdão não possa ser institucionalizado, ele ainda possui uma dimensão política. No entanto, trata-se de uma política poética. O perdão exerce sua influência na esfera política por meio da conversão da imaginação coletiva, alimentando profundamente a memória e a identidade dos povos. Reduzir o peso das faltas passadas é uma possibilidade oferecida a indivíduos e culturas, por meio de um *ethos* coletivo de comportamentos éticos e espirituais. Entre o fato do perdão e sua potencial realização política, existe a mediação poética das heranças culturais, das quais o cristianismo faz parte.

Renovar as promessas do passado e trabalhar para que os outros também renovem suas capacidades humanas é a marca de uma maior efetivação do perdão no mundo e no ser humano. Dessa forma, a humanidade se manifesta em resposta ao apelo do perdão, uma humanidade que anteriormente era apenas simbólica nas narrativas, reduzida à figura solitária da vítima. São os indivíduos que pronunciaram as promessas que nos são transmitidas ao longo dos anos por meio das tradições, assim como são aqueles desfigurados pela miséria que aspiram a serem reconhecidos como seres humanos, apesar de tudo. Alguns estão mortos, outros ainda estão vivos, mas todos são testemunhas vivas do mal que afeta a todos. Ao acolherem-se uns aos outros e renovarem-se com eles, alguns com base na promessa e outros com base na justiça, abre-se a possibilidade de um reencontro efetivo entre vítima e culpado.

O perdão não é mais apenas escatológico; é vivido efetivamente sempre que se manifesta em um encontro ou em uma nova instituição, e em todos os lugares, tanto em segredo nas consciências quanto de forma incógnita na consideração. Sua alteridade se revela nessa alternância em que aparece e desaparece, introduzindo uma nova temporalidade ordenada a esses eventos. O perdão, quando acolhido, estabelece a reciprocidade e a singularidade dos parceiros. É a distância percorrida corretamente, o segredo da verdadeira amizade e, mais amplamente, de todo relacionamento respeitoso. Antes de ser uma força contra o mal, a desproporção do perdão é o sustento de todo relacionamento feliz e das instituições que o possibilitam (CAUSSE, 2013, p. 195).

O ato de perdoar surge no encontro de duas pessoas que compartilham, por um momento, a felicidade da condição humana, apesar de tudo. Ao mesmo tempo, é a dinâmica que permite lembrar desse encontro, alegrar-se com ele e esperar vivê-lo novamente, agindo para que ele se torne possível. Nesse sentido, podemos seguir um caminho do perdão: o culpado é levado à dimensão da confissão, onde é reconduzido ao perdão por meio de uma "comunitariedade" que permeia sua história, sua cultura literária, filosófica e religiosa. Diante do perdão, a vítima pode ser conduzida pela "voz do perdão", a fim de também ela, antes de todos, acolhê-lo. Cada indivíduo, em seu próprio tempo, é colocado na posição de renovar suas promessas do passado – as promessas de sua história pessoal e as promessas da história de seu país, entrelaçadas com outras histórias – e permitir que cada um recupere suas capacidades. O perdão, antecipadamente vivido, revela que já existia antes do mal e que não espera nada além de ser reconhecido, ser nomeado e, simplesmente, ser colocado em ação.

Podemos destacar quatro condições fundamentais para o "perdão difícil": a falta, a justiça, a excepcionalidade e a memória. A confissão, o arrependimento e o reconhecimento da falta também contribuem para o acontecimento extraordinário. A concretização do horizonte do perdão cria as condições para que ele possa separar passado e presente, aliviando parte da dor e do sofrimento causados pelo passado e refletidos no presente.

O perdão e suas complexidades

O perdão pode nos levar a um lugar que não é um lugar; o termo "horizonte" é uma designação mais precisa disso. Ou seja, o perdão é apresentado como uma "escatologia da representação do passado" que não se encontra em lugar nenhum, mas é um horizonte, uma busca. É um caminho trilhado pelo ser humano capaz de viver e falar de forma reconciliada, lutando pela própria reconciliação. É uma busca não para silenciar o mal, mas para expressá-lo de forma pacífica, sem ira.

O horizonte comum – da memória, da história, do esquecimento e do perdão – é a experiência passada ou mesmo a memória, que é a "representação presente de algo ausente, marcada pelo selo da anterioridade, da distância temporal" (RICOEUR, 2007a, p. 502). Nesse sentido, a história herda os problemas que Platão e Aristóteles colocaram à memória, destacando o enigma da presença em imagem da coisa ausente e a anterioridade. Assim como a memória e a história, o perdão carrega a marca da representação presente da coisa ausente.

O perdão, se tiver sentido e existir, abrange a memória, a história e o esquecimento. No entanto, o perdão é difícil de compreender, dar e receber. Ele coloca um selo de inacabamento em toda a empreitada. É fundamental aqui explorar o processo de confissão do culpado, que envolve o reconhecimento de uma falta cometida. Esse processo leva à interiorização de uma acusação que vai além das infrações às leis, punindo as pessoas.

A ipseidade culpada tem um caráter imperdoável de direito, o que sugere a ideia de "perdão impossível". No entanto, ele propõe a separação do agente de sua ação, permitindo o desligamento entre o perdão e a culpa, oferecendo ao culpado a oportunidade de recomeçar. Há a necessidade do nascimento como um momento de recomeço e enfatiza-se a relação entre liberdade, ação e perdão. A possibilidade de começar algo novo está intimamente ligada ao perdão, pois o perdão permite o desligamento do agente de seu ato.

Os dilemas relacionados ao perdão passam pela necessidade de confissão do culpado, pela legitimidade do perdão por parte da vítima e pela possibilidade de autoperdão. Existe uma dualidade entre o irrevogável e o irreversível, na qual o perdão desafia o círculo de acusação e punição.

O perdão não vem de uma faculdade superior, mas é uma das virtualidades da ação humana. O perdão depende da pluralidade e da presença do outro, e não pode ser dado a si mesmo. A confiança nos outros é essencial para que o risco da ação e do perdão seja possível. Existe uma relação do perdão com o amor e podemos contrastá-lo com a noção política apresentada no romance *Os irmãos Karamazov*, de Dostoiévski, no qual o perdão é oferecido em troca de submissão. O perdão promove a dissociação da dívida de sua culpabilidade. O perdão, em sua complexidade, relaciona-se com a culpabilidade, a reconciliação, a ação, o nascimento, a liberdade e o amor.

A memória e a liberdade: caminhos do perdoar

A memória desempenha um papel fundamental na constituição da identidade, não apenas pela persistência na memória das experiências passadas, mas também pelo ato de buscar a unidade. Assim, podemos afirmar que o "pensar-se a si mesmo" deve ser um exercício de encontro consigo mesmo, uma maneira de estar diante de si para estar no mundo. A memória questiona o que pode parecer dado, revela as lacunas em que a dúvida se infiltra e, com isso, destrói as certezas aparentes, buscando outro plano, supra-humano (sem deixar de passar pelo humano em si).

A defesa da característica original e primordial da memória individual está relacionada ao uso da linguagem comum e à psicologia que sustenta esses usos. Em cada registro da experiência viva, seja no campo cognitivo, seja no campo prático, seja no campo afetivo, a aderência do sujeito à sua experiência não é total no ato de autodesignação. Nessa perspectiva, o uso do pronome reflexivo "se" não parece ser por acaso. Ao lembrar de algo, lembramos de nós mesmos (cf. RICOEUR, 2000a, p. 115).

"[...] O perdão não se dirige aos eventos cujas marcas devem ser preservadas, mas sim à dívida que paralisa a memória e, por extensão, a capacidade de projetar-se de forma criativa no futuro" (RICOEUR, 2000a, p. 445).

Trata-se de uma fenomenologia da memória que vai além da mera recordação de fatos passados. Ele enfatiza a relação entre memória e tempo, considerando que toda consciência é consciência de algo e, portanto, lembrar-se de algo implica lembrar-se de si mesmo. Assim, a memória é não apenas a lembrança de eventos, mas também uma forma de autocompreensão.

O testemunho é considerado crucial na passagem da memória para a história, abrindo caminho para uma abordagem hermenêutica. A memória é construída entre a transmissão oral, viva, frágil e efêmera, e a conservação pela escrita, que pode perdurar por mais tempo, mas também carrega a marca da ausência. Nem a presença viva nem a fixação pela escrita garantem a imortalidade, porém ambas testemunham a efemeridade e o esforço de expressar a existência.

É fundamental considerar a memória juntamente com a história. A memória é fundamental para fazer e compreender a história. Por meio de uma dimensão reflexiva, é permitido lidar com a antítese entre memória pessoal e memória coletiva, além de fornecer esclarecimentos sobre o sujeito. A memória pode ser atribuída a todas as pessoas gramaticais, refletindo a finitude, a corporeidade e a historicidade do sujeito.

A memória igualmente pode ser concebida como hábito, o qual faz parte da natureza humana. A repetição pode levar à formação de hábitos que são fixados na memória. Ela estabelece uma relação entre memória e hábito, mostrando como a memória/hábito pode ser vivida como uma representação e como a lembrança de eventos específicos pode diferir dos "caracteres habituais". Já o perdão é visto como um trabalho contínuo, uma forma de lidar com situações típicas do inextricável, do irreconciliável e do irreparável.

A historicidade é a vivência da história no presente, uma opção pelo presente que também se refere ao passado, desde que o passado possa ser reapropriado no presente, com um novo significado e uma opção livre. É uma continuidade que permite resgatar o passado como verdadeiramente "meu passado", e não apenas um passado anônimo.

A noção de ser afetado pelo passado ajuda a superar a antinomia entre continuidade e descontinuidade. A existência histórica, ou historicidade, baseia-se na autenticidade e no exercício de intersubjetividade, reconhecendo o outro como outro e reconhecendo-o como um "indutor existencial", razão de liberdade. A historicidade não é apenas uma característica, mas a cristalização de todos os elementos fundamentais da existência. O homem é um ser histórico, pois sua existência é realizada junto com os outros no mundo.

Diante do pluralismo fragmentado contemporâneo, há uma possibilidade *a priori* do diálogo. Este sustenta que a pluralidade não é a realidade última e o desentendimento não é a possibilidade final de comunicação. Sua convicção se baseia na ideia de que o ser é um ato que precede e fundamenta toda possibilidade de questionamento. A intersubjetividade das intenções filosóficas mais singulares encontra seu fundamento nesse movimento. Existe uma esperança ontológica que unifica e eterniza a história, mas não pode ser coordenada por ela. A ontologia está sob o signo da alteridade. Essa ontologia do ato, como fundamento de uma "unidade" buscada e postulada, talvez seja, em si mesma, uma ética.

Existe uma relação circular entre três historicidades, privilegiando uma busca ilimitada pelo sentido da história e na história. Essas três historicidades são: o tempo oculto dos eventos fundadores, a interpretação viva de seu sentido por uma tradição constituinte e a contínua apropriação da tradição constituída pela hermenêutica. Ricoeur considera que a reinterpretação viva é a verdadeira tradição, justificando, assim, a hipótese de que o tempo oculto dos símbolos carrega a dupla historicidade da tradição que transmite e sedimenta a interpretação, e da interpretação que mantém e renova a tradição.

A memória liga-se à história intimamente, pois a experiência da memória é o que nos permite contar uma história. A história é um conceito importante em relação ao perdão. No entanto, não se pode afirmar com certeza se a história é um remédio ou um veneno, ou talvez ambos.

A história é um conjunto de fatos que têm significados pessoais e individuais para cada pessoa. O perdão surge como uma releitura desses fatos.

O desafio do perdão reside em sua conceituação histórica, sendo tão difícil de ser dado e recebido quanto de ser conceituado. Nesse sentido, ele está situado entre a fragilidade e a capacidade do ser histórico, levando em consideração a desproporção entre a falta cometida e o ato de perdão. Nossas ações são imputáveis, e o perdão só pode existir quando há uma pessoa que pode ser acusada ou declarada culpada, pois é na imputabilidade que devemos buscar a falta e a culpabilidade. A confissão, ato de linguagem que consiste em assumir uma acusação, é a forma de autoatribuição da falta. A falta representa uma transgressão a uma regra que tem consequências e causa danos a outrem. O injustificável é o extremo do mal infligido a outra pessoa, resultando na ruptura do vínculo humano e revelando a maldade íntima do criminoso. Nesse ponto, surgem noções como o irreparável em termos dos efeitos, o imprescritível na justiça penal e o imperdoável no julgamento moral. Portanto, "sob o signo da inculpação, o perdão não pode enfrentar diretamente a falta, mas apenas tangencialmente o culpado".

Podemos afirmar que o perdão se dirige ao imperdoável, o que aumenta a desproporção entre a profundidade da falta e a grandeza do perdão. No entanto, essa dificuldade não é uma impossibilidade devido à suposta "necessidade moral da história". O perdão só faz sentido quando ocorre de forma excepcional, resistindo ao impossível, como um dom.

Qual a relação entre esquecimento e perdão?

Além disso, há também a dimensão do esquecimento, que impede que nosso autor caia na dicotomia entre indivíduo e coletividade. Não podemos entender o esquecimento como uma doença, como o Alzheimer. O esquecimento é relembrar o passado com fidelidade, não esquecendo os fatos que ocorreram, mas olhando para eles com uma perspectiva diferente daquela vivenciada ou testemunhada na época. É por meio desse esquecimento proposto que o perdão pode ocorrer. Portanto, muitos afirmam que o perdão não é fácil, mas também não é impossível, dependendo da compreensão e vivência de conceitos de suma importância. O esquecimento propõe uma nova significação para a realidade e faz parte da condição histórica de cada ser humano.

Na vida cotidiana, o esquecimento pode ser experimentado quando envelhecemos e nos aproximamos da morte. Isso pode causar tristeza, pois nos conscientizamos de que estamos nos aproximando do fim e da perda definitiva da memória, resultando na morte de algumas lembranças, independentemente de serem boas ou ruins.

O esquecimento está relacionado à memória e à fidelidade ao passado, enquanto o perdão diz respeito à culpabilidade e à reconciliação com o passado. No entanto, esses caminhos se cruzam em um lugar que não é um lugar, o qual é bem descrito com o termo "horizonte". É o horizonte de uma memória reconciliada, proveniente de um esquecimento feliz.

É necessário enfatizar a importância do esquecimento e do perdão na compreensão e na superação das faltas passadas, permitindo que a memória seja reconciliada e que novos significados sejam atribuídos à nossa condição histórica. No entanto, há também o aspecto da "arte de esquecer", que é a capacidade de contar histórias de forma diferente, escapando das narrativas oficiais e do frenesi comemorativo que as impõe. Essa possibilidade é difícil, mas também urgente, dado que as narrativas impostas muitas vezes estão diretamente ligadas a uma "guerra de imagens".

Qual a relação entre a anistia e o perdão?

A anistia é outro tipo de esquecimento, cujo objetivo principal é a reconciliação entre pessoas em conflito ou até mesmo a reconciliação entre inimigos. Esse esquecimento encerra os eventos que poderiam marcar a vida da pessoa para sempre. Trata-se de um esquecimento jurídico que apaga da memória, em sua expressão, a ideia de testemunha dos fatos. É importante compreender que a anistia não consiste em calar ou esconder o mal ou as más ações, mas sim em abordar esses fatos de maneira pacífica. Isso ocorre não por meio de um comando ou ordem de outra pessoa, mas sim por um voto de vontade feito pelo Estado, por exemplo.

No âmbito do direito, a anistia é uma resposta à necessidade social decorrente de situações pós-conflitos internos, como guerras civis, a queda de regimes ditatoriais e a transição para a democracia. Nessas circunstâncias excepcionais, a dívida representada pelos atos ou fatos criminosos é considerada, em certa medida, saldada pela norma jurídica, de modo que não há uma reação jurídica ordinária buscando a condenação do culpado ou a reparação do mal. Existem duas espécies de anistia: a anistia das penas e a anistia dos fatos. A última revela uma vontade de apagamento total.

As leis de anistia são ditadas por considerações políticas. É necessário perdoar e, de certa forma, esquecer certos fatos, porque a nação parece convencida de que, em razão de motivos políticos que os guiaram, eles não devem ser punidos. A anistia não se refere a uma ou outra pessoa em particular, mas a um grupo de pessoas. A identidade dessas pessoas não é totalmente conhecida quando a lei é votada. Não se trata de um perdão dado ou ligado à pessoa em si, mas às próprias transgressões. Há anistia para infrações cometidas, cujos autores não são conhecidos.

A anistia age sobre o passado, apagando o crime, extinguindo a punibilidade e outras consequências de natureza penal. Ela anula a sentença penal condenatória definitiva; mesmo a coisa julgada não impede seus efeitos. Existem diferentes formas de anistia: própria (antes da condenação), imprópria (após a condenação definitiva), geral ou plena (aplicável a todos os criminosos), parcial ou restrita (exige uma condição pessoal do criminoso, como ser primário), incondicionada (não requer nenhum requisito para sua concessão) e condicionada (exige o cumprimento de uma condição, como no caso da África do Sul após o fim do *Apartheid*). Na anistia dos fatos, é o próprio fato que perde seu caráter punível, mesmo que já tenha sido punido. Nesse caso, pode-se falar de esquecimento, mais do que de um perdão verdadeiro, mas é um perdão excessivo e ilimitado. É um esquecimento imposto, o que gera descontentamento por parte das vítimas dos fatos. Vale ressaltar os efeitos negativos desse instituto. A anistia é imposta mesmo àqueles que desejam recusá-la (ao contrário da graça, que deve ser solicitada). Há o interesse da sociedade, e não do indivíduo, nesse tipo de perdão. Por força da anistia, as pessoas são reintegradas em seus direitos, como se nada tivessem feito, o que vai além do perdão. Daí surgem certos desejos de vingança, embora seja possível solicitar indenização.

Existe um esquecimento forçado, pois não se pode dizer ou escrever que determinada pessoa comandou torturas, deportações de judeus, sob pena de difamação. Não apenas a pena, mas o próprio fato deve ser esquecido. Esse instituto gera muitas críticas em seu uso para casos graves, resultando em um abuso do perdão. Trata-se de um paradoxo da justiça, pois existem fatos que não podem ser anistiados devido à gravidade das transgressões.

Apesar das aparências, a anistia não leva, de forma alguma, a uma compreensão adequada da ideia de perdão e, em alguns aspectos, constitui sua antítese, como a proibição de perseguição, julgamento e punição dos criminosos, além da proibição de mencionar os fatos em si com sua qualificação criminal. Ricoeur fala de uma verdadeira anistia institucional, que busca agir como se o evento nunca tivesse acontecido. Essa iniciativa de apagar até os vestígios de eventos traumáticos é desesperada e ilusória, assim como tentar apagar as manchas de sangue de Lady Macbeth. O objetivo é a reconciliação nacional, mas o preço a pagar pelo apagamento dos vestígios das ações prejudiciais é alto. Para Ricoeur, todas as más ações do esquecimento estão contidas nessa pretensão incrível de apagar os traços dos conflitos públicos. Nesse sentido, a anistia é o oposto do perdão, que requer memória e não interfere na ordem da justiça, não eximindo o culpado de ser julgado e condenado por seus atos. Esse é um elemento central na ideia de perdão.

A observação da sociedade contemporânea revela duas forças: por um lado, a presença dos resquícios da justiça real, presentes na concessão de graça e no uso da anistia, que tende a esquecer tudo; por outro, uma recusa em esquecer qualquer coisa, como no caso da imprescritibilidade. O perdão não se alinha com o esquecimento.

Portanto, embora existam fórmulas jurídicas que conferem efeitos benéficos, como eximir ou atenuar penalidades, outras foram construídas como uma resposta enérgica para combater genocídios e preservar os direitos humanos após a Segunda Guerra Mundial, e hoje constituem o regime jurídico dos chamados "crimes contra a humanidade". A imprescritibilidade desses crimes, por exemplo, é uma medida excepcional, pois permite que o responsável seja perseguido, punido e cumpra a pena a qualquer momento, saldando, assim, a dívida com a justiça e a sociedade. A dívida, em resumo, pode sempre ser cobrada pela justiça, e esse é um dos grandes desafios relacionados ao perdão.

No entanto, além das considerações jurídicas, o perdão se revela como um dom, como mencionamos anteriormente. O amor aos inimigos representa a medida absoluta desse dom. Nessa perspectiva, a relação entre o dom e o contradom nas antigas formas de troca reforçaria a ideia de um equilíbrio horizontal entre demanda e oferta. Por outro lado, o perdão evoca a solicitação de amar os inimigos sem esperar nada em troca: "Esse pedido impossível parece estar à altura do espírito do perdão, pois o inimigo não pediu perdão e é necessário amá-lo como ele é" (RICOEUR, 2007a, p. 624).

O mal, o perdão e a culpa

Se o mal é injustificável, como podemos reconhecer a liberdade que se liberta do mal por meio da consciência? Esse processo só pode ocorrer por meio do servo-arbítrio. Dessa forma, se o símbolo revela que é necessário pensar em uma presença concreta do mal, a bondade originária da liberdade permite imaginar que, por mais radical que o mal seja, a bondade é mais fundamental.

A filosofia kantiana, ao formalizar a máxima da vontade maligna e radicar o mal na vontade, tornou-se o expoente máximo dessa visão moral do mundo. Assim, a moral kantiana deriva de uma antropologia pessimista, dominada pela teoria do mal radical. O filósofo alemão defende a ideia de que o mal é uma transgressão de uma lei que a vontade se impõe livremente, sustentando uma liberdade que se impõe a si mesma por meio de uma lei e que, depois disso, não é mais livre para agir contra ela, pois seria culpada.

A visão moral do mundo não merece consideração, pois nela não há acesso ao originário, exceto por meio do decaído. Além disso, não podemos dizer que o homem está decaído, pois a própria ideia de decadência pressupõe uma perda de inocência que compreendemos apenas o suficiente para nomear e designar a condição atual como desvio ou queda: "Não posso compreender a traição como mal sem compará-la a uma ideia de confiança e fidelidade em relação à qual a traição é um mal" (Ricoeur, 1982, p. 93).

O inescrutável reside no fato de que o mal, que sempre começa pela liberdade, já está presente para a liberdade, sendo ato e aparência exterior, surgimento e precedência. É por isso que Kant transpõe o enigma do mal para a filosofia por meio da figura mítica da serpente; a serpente representa o mal que já está presente, mas que, no entanto, é um começo, um ato, uma determinação da liberdade por si mesma.

Assim, a própria lei que o ser humano impõe livremente a si mesmo permite o surgimento do mal. Portanto, o homem não encontra a origem do mal, mas o assume como seu, pois o está sofrendo e acredita que há sofrimento como consequência de algo que não deveria ter feito. É essa impotência diante do mal que desperta sua consciência, e é isso que preciso tentar expressar agora: o mal como tradição, como encadeamento histórico, como reino já presente (RICOEUR, 1988, p. 299).

Embora um indivíduo humano não seja a origem do mal, ele o manifesta por meio de seus atos existenciais e, portanto, é ele quem o pratica. Por isso, confessar o mal significa assumir-se como sujeito do mal. É por meio da confissão, com sua linguagem simbólica, que o mal se torna o meio pelo qual a vontade expressa o pecado, a culpa e o sofrimento. Sem a confissão, as emoções permaneceriam no interior do ser, impedindo a consciência de sua existência. Por isso, como afirma o filósofo, "a linguagem é a luz da emoção; pela confissão, a consciência da falta é conduzida à luz da palavra; pela confissão, o homem se torna palavra mesmo na experiência do absurdo, do sofrimento e da angústia" (RICOEUR, 1982, p. 171).

O perdão, em paralelo à culpabilidade, possui uma dinâmica singular: do passado (culpa), do presente como permanência (confissão) e do futuro (redenção).

A simbólica do mal busca uma ciência da interpretação, uma hermenêutica: os símbolos do mal, tanto no nível semântico quanto no nível mítico, são sempre o oposto de um simbolismo mais amplo, o simbolismo da salvação. Isso é verdade até mesmo no nível semântico: ao impuro corresponde o puro; à errância do pecado, o perdão como símbolo de retorno; ao peso do pecado, o alívio; e, de forma mais geral, à simbologia da escravidão, a da libertação. À figura do primeiro Adão respondem as figuras sucessivas do Rei, do Messias, do Justo Sofredor, do Filho do Homem, do Senhor, do Logos. O filósofo não tem nada a dizer, enquanto filósofo, sobre a proclamação, o querigma apostólico que afirma que essas figuras são realizadas no evento de Jesus Cristo. Mas ele pode e deve refletir sobre esses símbolos como representações do fim do mal (RICOEUR, 1977, p. 43).

A gratuidade da graça

A experiência do perdão capacita-nos a enxergar a realidade de forma renovada. A gratuidade da graça é experimentada como "ausência da violência que esperávamos e, portanto, um presente inesperado". Enquanto o pecado original costuma ser explicado como ausência da graça, aqui temos o oposto: a graça é a ausência de violência causada pelo pecado original (ANDRADE, 2007, p. 159).

Por meio da ação, o mal é definido principalmente como algo que não deveria existir, mas que precisa ser combatido. Nesse sentido, a ação reverte a orientação do olhar. Sob a perspectiva mítica, o pensamento especulativo busca a origem: "De onde vem o mal?". A resposta – não uma solução – da ação é: o que fazer contra o mal? O olhar é então direcionado para o futuro, para a ideia de uma tarefa a cumprir, que remete a uma origem a descobrir (RICOEUR, 1986, p. 58).

Podemos observar uma tensão entre ética (relacionada à possibilidade de falta ou culpa) e ontologia (relacionada à afirmação do ser e sua ação) que caracteriza a preocupação antropológica de Ricoeur. O homem, sendo um "esforço para existir" antes de ser consciência, é impulsionado pela energia vital, chamada por Spinoza de *conatus*, uma potência de agir que, apesar de afetada pelo sofrimento, nunca é extinta.

Assim, podemos perceber que o enigma do perdão em Ricoeur está intrinsecamente ligado ao enigma da culpa, que paralisa a potência de agir do ser humano. Paralelamente, o perdão representa a eventual superação dessa incapacidade existencial e é entendido como uma libertação da dívida moral, da falta, da culpa e do pecado. Trata-se de uma dimensão do futuro, uma promessa, uma economia redentora tanto no plano simbólico quanto no teológico.

Os símbolos da culpa, como desvio, maldade e cativeiro, presentes nos mitos do caos original, da queda, da alma exilada e da salvação ilustram a condição humana no mundo. A proposta é elaborar conceitos existenciais a partir do plano simbólico, não apenas como estruturas de reflexão, mas também como estruturas da existência, já que a existência é o ser do ser humano.

A economia do dom: uma perspectiva não violenta

Com o objetivo de buscar novas abordagens para a experiência do reconhecimento, afastando-a da ideia violenta de luta, Ricoeur propõe a perspectiva não violenta do dom, intimamente relacionada ao perdão. Ele baseia-se nos estudos do antropólogo Marcel Mauss, que publicou em 1925 o *Ensaio sobre o dom: forma e razão das trocas nas sociedades arcaicas*. Mauss explorou o enigma das práticas de troca nas sociedades arcaicas estudadas, especialmente entre os indígenas maoris da Nova Zelândia, destacando que o mistério estava não na obrigação de dar ou receber, mas na própria coisa dada.

Essas trocas eram envoltas em um poder misterioso, com forte apelo formal e cerimonioso, fazendo com que as coisas retornassem ao doador. A partir da releitura de Marcel Hénaff sobre a posição de Mauss, em sua obra *O preço da verdade: o dom, o dinheiro, a filosofia* (2002), Ricoeur desenvolve sua visão sobre o assunto. Para Ricoeur, Hénaff resolve o enigma do dom cerimonial recíproco por meio da ideia de reconhecimento simbólico mútuo.

Ricoeur argumenta que o dom cerimonial não é um ancestral arcaico nem um substituto da troca mercantil, como propunha Lévi-Strauss ao interpretar a obra de Mauss. O dom cerimonial é "o sem preço". De acordo com Ricoeur, "a revolução de pensamento proposta por Hénaff consiste em deslocar a ênfase da relação entre o doador e o donatário e procurar a chave do enigma na própria mutualidade do intercâmbio entre protagonistas, e chamar essa operação compartilhada de reconhecimento mútuo" (RICOEUR, 2006, p. 249). O reconhecimento é garantido pelo ato de presentear, pois o doador se dá a si mesmo naquilo que foi dado.

Dentro das discussões sobre a troca de dons, a proposta de Hénaff tem o mérito de deslocar a ênfase da relação entre o doador e o donatário para a mutualidade da troca entre os protagonistas, chamando essa operação de "reconhecimento mútuo". Assim, é por meio dessa relação de reconhecimento que o dom adquire significado. O valor de um presente não está no plano mercantil, mas sim no fato de funcionar como garantia e substituto de uma relação de reconhecimento mútuo. Essa mutualidade é um reconhecimento que não se expressa por palavras, mas por um gesto.

Mauss, em seu *Ensaio sobre o dom: forma e razão das trocas nas sociedades arcaicas*, apresenta os resultados de suas pesquisas sobre o *potlatch*, uma prática de certas sociedades que consistia em presentear os chefes das tribos rivais para humilhá-los ou desafiá-los. Segundo Mauss, as dádivas são reguladas por três obrigações inter-relacionadas: dar, receber e retribuir. Doar é uma obrigação sob pena de provocar.

O percurso leva da forma ativa do reconhecimento à sua forma passiva. A identificação é uma forma ativa de reconhecimento, enquanto o reconhecimento de si pode ser ativo na reminiscência que unifica o ser humano e passivo na parte milagrosa da reminiscência. A gratuidade, por sua vez, é essencialmente passiva, sendo nela que o perdão se manifesta. Esse percurso pode ser entendido como uma nova odisseia, mais longa do que a anterior. Entre as duas formas de reconhecimento, passamos de uma temporalidade que marca a finitude humana – o envelhecimento e a morte – para outra que traz consigo a culpabilidade – o mal. A relação entre finitude e culpabilidade não é mais apenas um paradoxo especulativo, como foi discutido na obra *Philosophie de la volonté*, mas agora é entendida como uma diferença entre temporalidades.

Na experiência de ouvir um som, a distensão surge entre a impressão deixada e a atividade da mente; uma tensão única em direções opostas, entre expectativa, memória e atenção. O que é verdadeiro em um aspecto o é por toda uma vida, até por gerações, mas, sob os golpes do pecado, nenhuma intenção pode replicar a explosão da distensão. Somente a extensão, a intenção conduzida até a eternidade, responde à humanidade ao ser acolhida em Cristo – isso é o perdão.

Como filósofo, Ricoeur não recorre à *extentio* agostiniana. Ele destaca que o perdão já se manifesta em dois aspectos. Por um lado, está presente na renovação das promessas, "nas quais culturas inteiras e épocas particulares projetaram suas ambições e sonhos, promessas das quais muitas não foram cumpridas. Sou devedor delas e as continuo" (RICOEUR, 2006, p. 31). Por outro lado, o perdão se manifesta quando o ser humano contribui para renovar o mundo ao seu redor com as próprias capacidades humanas.

Ricoeur rejeita a ideia de limitar sua proposta escatológica apenas a uma função crítica. Ele atribui ao imaginário utópico um papel prático na transformação da realidade social. Para isso, ele articula a antecipação utópica com as experiências passadas. A natureza utópica contribui para a superação das dimensões aporéticas do perdão, transformando-o em uma poética do perdão e até mesmo em uma poética da existência. A utopia escatológica do perdão aponta para sua realização no presente, resultante da conjunção entre a experiência fenomenológica do tempo e a experiência cosmológica. No entanto, esse presente pode ser indefinido, já que um "horizonte escatológico" pode não se transformar em um presente disponível.

A partir desse paradoxo, que aparenta ser irracional, surge um novo tipo de inteligência. No entanto, trata-se de uma racionalidade diferente, desafiando os paradigmas estabelecidos e até mesmo o pensamento da tradição ocidental. Surge uma nova lei, que não é mais a lógica da equivalência, mas sim a lógica do excesso, a vitória do sentido sobre o não sentido, do dom sobre o trágico, da criação sobre o niilismo, do perdão sobre a vingança.

No final do processo de interiorização do objeto de amor nunca perdido em sua busca pela reconciliação com a perda, encontra-se o trabalho do luto. Podemos antecipar, nesse caminho de interiorização, o luto pela perda do outro, antecipando assim a perda de nossa própria vida? Ao percorrer essa trajetória de interiorização, a antecipação do luto que se aproxima e nos transforma em seres desaparecidos pode nos ajudar a aceitar nossa morte futura como uma perda com a qual tentaremos nos reconciliar antecipadamente.

Jervolino (2002, p. 19) afirma que a concepção de homem de Ricoeur continua fundamentada no sentido de limite, próxima à finitude humana. No entanto, a ênfase na finitude descarta o aspecto paradoxal da realidade humana, que consiste em ser finito e infinito, mesmo que tenhamos uma existência finita. Quando o homem olha para o mundo, ele pode conhecê-lo e transformá-lo, e nesse momento ele tem o poder de agir, pois pode alcançar conhecimento objetivo. Por outro lado, quando o homem se volta para si mesmo, ele encontra a discordância e a fraqueza, pois a possibilidade do erro e do mal acompanha seu conhecimento e sua ação.

Amor e justiça: a superabundância além da regra de ouro

No que diz respeito ao amor e à justiça, Ricoeur destaca a desproporção entre os dois e enfatiza as formas de discurso: a poética do amor e a prosa da justiça. Na esfera da justiça, ele afirma que a argumentação desempenha um papel crucial, confrontando razões a favor e contra plausíveis e comunicáveis, dignas de serem discutidas pela outra parte. No entanto, o conflito no nível da argumentação, inerente ao discurso jurídico, é resolvido por meio de uma decisão baseada em uma racionalidade específica. Ricoeur propõe que a mais alta aspiração do ideal de justiça é uma sociedade na qual o sentimento de dependência mútua esteja subordinado ao desinteresse mútuo.

Ao final dessa ênfase na desproporção entre o amor e a justiça, Ricoeur destaca que ambos sugerem pretensões acerca da prática individual e social, sendo a ação o objetivo para ambos. Assim, ele busca superar a dicotomia entre os dois termos, propondo uma interface entre a poética do amor e a prosa da justiça.

Dessa maneira, a medida do dom é o amor aos inimigos, mesmo que seja algo quase impossível. Isso reafirma a regra de ouro. No discurso de Jesus, encontramos o mandamento do amor aos inimigos e a regra de ouro, que podem ser entendidos como o paradigma da dialética entre amor e justiça. O mandamento do amor não abole a regra de ouro, mas a reinterpreta no sentido da generosidade e, assim, faz dela um canal não apenas possível, mas necessário de um mandamento que, em razão de seu estatuto supraético, só alcança a esfera ética à custa de comportamentos paradoxais e extremos (RICOEUR, 2012, p. 29).

A partir dessa nova perspectiva, o perdão ganha um significado na lógica da superabundância. O perdão não está apenas dentro do domínio moral da reciprocidade e do reconhecimento presentes nos modelos de troca de memórias. Ele é de uma natureza diferente, relacionada à economia do dom e da superabundância, algo que podemos chamar de "poética da vontade". Por poética, entende-se um sentido duplo de criatividade na dinâmica da ação e na expressão verbal. Sua força poética consiste em enfatizar a lei da irreversibilidade do tempo, levando em consideração a carga de culpa que paralisa a relação entre os indivíduos que agem e sofrem sua própria história. Jesus altera a lógica da equivalência, como exemplificado por Ricoeur, onde o ensinamento do mestre se concretiza por meio da exceção à regra, e não pela própria regra:

> Vocês ouviram o que foi dito: "Olho por olho e dente por dente". Eu, porém, digo a vocês: não se vinguem daqueles que lhes fizeram mal. Pelo contrário, se alguém lhe der um tapa na face direita, ofereça também a esquerda! Se alguém entrar com um processo para tomar sua túnica, deixe que leve também o manto! Se alguém o obrigar a andar um quilômetro, caminhe dois quilômetros com ele! Dê a quem lhe pedir e não vire as costas a quem pede emprestado (Mt 5,38-39b.42).

Ricoeur sugere que ordens absurdas foram proferidas com a intenção de alterar nossa tendência natural. Para isso, cria-se uma tensão deliberada entre a ordem e a maneira como vivemos, pensamos e agimos normalmente. Nessas situações, é inútil esperar a clareza da lei, pois o ensinamento a ultrapassa. As palavras de Jesus apontam para a imaginação ética, não para nossa vontade de obedecer sem resistência à regra. A capacidade imaginativa se mostra como o poder de nos abrir a novas possibilidades, de descobrir outro caminho, vendo as coisas de maneira diferente e alcançando uma nova regra, recebendo o ensinamento da exceção. É aí que o perdão se encontra, pois ele também é um exemplo de evento excepcional e uma possibilidade dessa mesma imaginação ética.

É importante destacar que a regra de ouro é enunciada no meio do Sermão da Planície, e não apenas antes do mandamento do amor aos inimigos. Ela está no centro de uma série de exigências de atitudes e ações extremas, fundamentadas na lógica do dom e, portanto, não pressupõe reciprocidade. Paul Ricoeur destaca que a citação de Lucas sobre a regra de ouro é, na verdade, um desafio para irmos além da regra de ouro em seu sentido literal. Para o filósofo, a regra de ouro está plenamente integrada na narrativa evangélica da nova ética.

O perdão, comparado à graça, é considerado indispensável para a justiça. Os sacrifícios humanos são superados, dissolvendo-se a busca pela justiça baseada no cumprimento das leis e subvertendo-as. Os sacrifícios perdoam as dívidas estabelecidas pela lei. Isso envolve a flexibilidade da lei em relação à justiça, que emana do amor ao próximo e do reconhecimento do outro, antecedendo a própria lei. A experiência do perdão nos capacita a enxergar a realidade de maneira renovada. A gratuidade da graça é vivenciada como a "ausência da violência que esperávamos e, portanto, como o dom de algo que não esperávamos" (ANDRADE, 2007, p. 159).

O apóstolo Paulo testemunha o poder da graça como nova criação, que torna insustentável a violência da humanidade, pois a graça é "superabundante". Para Paulo, o pecado só pode ser conhecido pela fé. A experiência de fé do justificado consiste em compreender que ele sempre esteve sob o poder do pecado, revelado exclusivamente pelo dom da graça superabundante. Embora a palavra "perdão" não apareça em Romanos 5,12-21, as palavras "dom-oferta" (*dórema*), "gratuitamente, como oferta" (*doreán*) e ocasionalmente "graça" (*cháris*) são utilizadas em seu lugar (ANDRADE, 2007, p. 116).

Jesus inaugurou uma "era do perdão" na humanidade. Embora esse ato tenha ocorrido em um contexto religioso, ele certamente se estende ao âmbito cultural. O perdão interfere diretamente na justiça no Ocidente, por exemplo. Jesus ensina aos escribas e fariseus que não é verdade que apenas Deus tem o poder de perdoar. Ele próprio realiza um milagre na tentativa de provar que "o Filho do Homem tem o poder na terra de perdoar pecados" (Lc 5,21-42). A formulação de Jesus é radical, pois o Evangelho não afirma que o homem deve perdoar porque Deus perdoa, mas sim que cada um deve perdoar com base em sua consciência. Na oração ensinada por Jesus, diz-se: "Perdoa-nos as nossas dívidas, assim como nós perdoamos aos nossos devedores" (Lc 11,1-13).

Assim, a partir da experiência de fé, não há mais acesso direto, mas apenas indireto, à compreensão do pecado. O resultado é uma inversão da abordagem tradicional do pecado original, seguida pela apresentação da graça. Agora, temos a vantagem de ter assumido o consenso teológico atual de que o privilégio corresponde à graça. Na perspectiva da experiência do perdão e da esperança fundamentada na cruz e na ressurreição, assim como na liberdade de sermos libertados e curados no encontro com Deus, podemos concluir que, no encontro com Deus, experimentamos, pela fé, um perdão.

Embora o tema do perdão seja abordado de forma mais explícita no epílogo de uma obra tardia de Ricoeur, *A memória, a história e o esquecimento*, podemos rastrear sua trajetória ao longo de seu percurso intelectual. Isso se deve, em parte, ao seu diálogo com a teologia e à sensibilidade de trazer reflexões a partir de momentos históricos e pessoais de sua existência.

O perdão, em termos da trajetória de Ricoeur, pode ser compreendido como um horizonte de seu projeto filosófico. Por isso, ele pode ser abordado a partir da perspectiva poética e aproxima-se dos caminhos da promessa e da esperança. Encontramos, na obra de Ricoeur, um fundamento antropológico: o "homem capaz", uma abordagem filosófica intimamente relacionada à inspiração teológica da superabundância. A lógica de generosidade que permeia o perdão é um ponto central nos Evangelhos, manifestando-se nas parábolas e provérbios de Jesus. No campo ético, o perdão e sua economia do dom, guiados por essa lógica de superabundância, podem motivar uma nova atuação política e ética de natureza universal.

III
RICOEUR E LÉVINAS: HERMENÊUTICA E PÓS-HERMENÊUTICA DA IDEIA DE REVELAÇÃO

A exegese revelou diversos gêneros literários presentes na Bíblia, como discurso profético, narrativo, prescritivo, sapiencial, hino, entre outros. Em uma palestra sobre "A hermenêutica da ideia de revelação", realizada na Bélgica em 1976, Ricoeur demonstra como essa pluralidade de formas literárias permite abandonar o conceito unívoco de revelação, em favor de um conceito substancialmente polissêmico do ato de revelar:

> Seria um erro considerar essas formas de discurso simplesmente como gêneros literários que deveriam ser neutralizados para extrair um conteúdo teológico delas

[...]. Os gêneros literários não são uma fachada retórica que possa ser demolida para descobrir um conteúdo de pensamento indiferente ao veículo literário (RICOEUR, 1977, p. 30-31).

A reação de Lévinas, no mesmo ambiente universitário, foi no sentido de demonstrar a predominância do caráter prescritivo na leitura judaica da Bíblia, especialmente na centralidade do mandamento "não matarás". Aqui há uma aliança fundamental com uma filosofia ética, na qual prevalece uma perspectiva deontológica sobre uma perspectiva teleológica. A ética afirmada por Lévinas está centrada na norma e na pergunta: "O que devo fazer?".

Segundo Lévinas, a criação é um dom do ser. A narrativa apresenta o dom da criação antes do dom da lei; o dom precede o mandamento, indicando uma ordem primordial na narrativa. O dom vem primeiro.

Da mesma forma, no encontro face a face, talvez eu não possa exigir que o outro se exponha a mim, que se dê a mim, que me carregue em sua existência a ponto de sofrer por isso, mas posso reconhecer que alguém já o fez em relação a mim. A assimetria permanece, mas seu significado muda. Ela não é mais apenas pelo outro, mas também pelo reconhecimento infinito do dom recebido do outro. Eu sou o Messias, pois não posso exigir de ninguém, exceto de mim mesmo, essa responsabilidade:

> Tu és o Messias, pois te arriscaste por mim, deste a ti mesmo para me fazer existir [...]. A precedência do outro permanece, assim, como a assimetria da relação, mas essa assimetria não exclui a reciprocidade. Certamente há uma troca, mas o que dou não é necessariamente o mesmo que o que me dás. Eleição e aliança (MIES, 2012, p. 142-143).

Para Lévinas, a filosofia é desprovida de consolo, pois também é desprovida de promessa. O encontro face a face, como ele mesmo descreve, também não contém promessas. Agir (como Moisés), sem entrar na Terra Prometida, mas também agir sem sequer ter o horizonte da Terra Prometida; servir, sem esperança para si mesmo. Ser fiel ao próprio mandamento, sem promessa, sem que a promessa seja a razão da fidelidade, porque o outro é o outro, porque a Torá é a Torá. Total desinteresse (MIES, 2012, p. 143).

Deus é amor, em vez de ser, e manifesta sua divindade como amor aos que o amam. Segundo Marion, o amor funciona como um princípio hermenêutico que permite enxergar novos fenômenos. É um conhecimento que é alcançado por meio do encontro baseado no movimento da vontade. O conhecimento de Deus na forma de amor se realiza quando Deus capacita o amante a amar. Portanto, Deus não é mais conhecido como um objeto, mas como um constante excesso de doação, como um dom. Esse conhecimento depende da preparação do amante para reconhecer essa "experiência" como um excesso de "Deus". O dom nos capacita a transcender o ser da metafísica, desafiando até mesmo a diferença ontológica e tornando-a sem utilidade ou sem sentido. O nome de Deus, que é teológico por excelência, deve ser apagado em nome da imensa transcendência de qualquer conceito sobre ele. A busca por um pensamento não condicionado por algum sujeito e sem limites de horizonte é um sonho que se desvanece quando a linguagem surge. O nome de Deus deveria ser um traço que se apaga por si mesmo. Portanto, a teologia negativa percebe que o caminho para a divindade além de Deus, além do traço, é um desvio do ato factual. Afinal, Deus só pode ser testemunhado como algo inconcebível.

A linguagem que nos é dada agita-se com diversos dons e inquieta-se com palavras de força doadora, como "dom". A indeterminação é o que permite a promessa, que, por sua vez, possibilita o perdão. A inquietação descreve os gemidos da história e da linguagem na produção do evento da vinda do totalmente outro, do futuro imprevisível. A história e a linguagem movimentam-se no espaço aberto entre o passado e o futuro, no ambiente da promessa. Aí surge a relação entre alteridade e temporalidade na esperança. Um dos fundamentos possíveis da esperança é a promessa, a palavra dada pelo outro, uma palavra que pede confiança. Essa palavra, dada no passado, é um apoio no presente, aberta a um futuro não necessariamente melhor, do qual pouco se sabe, exceto que é feito da mesma fidelidade daquele que a prometeu. A memória da promessa alimenta a esperança, tornando o tempo um aliado, tecido pela promessa mantida do outro. Esse tempo aliado é chamado de "história sagrada".

Ao sair do encontro face a face, por meio da memória, é possível apoiar-se na promessa, ou seja, o rosto abriga um terceiro. Esse terceiro limita minha responsabilidade para com o outro, pois também sou responsável por ele. No entanto, esse terceiro não compõe o espaço por si só; ele esteve talvez diante de mim e, por meio do dom e da promessa, oferece a possibilidade de doar minha vida pelo outro como esperança.

À responsabilidade como princípio de individuação humana falta, talvez, o auxílio divino: essa é a sua ternura. O que ocorreu em Auschwitz parece significar, às vezes, que o bom Deus exige um amor que não comporta nenhuma promessa. O pensamento chega até lá. O sentido de

Auschwitz seria um sofrimento sem nenhuma promessa, absolutamente gratuito. Mesmo assim, revolto-me, pensando que isso é excessivamente custoso, não apenas para o bom Deus, mas para a humanidade.

Na perspectiva levinasiana, a experiência despertada não pode vir do próprio *cogito*, pois a ideia do Infinito presente nele não é nem a imanência do "eu penso" nem a transcendência do objeto. A experiência também não pode ser reduzida ao mero ser, ao neutro.

Portanto, sob a óptica da ética e do infinito, Lévinas entende que a relação com o outro é uma relação primordial do ser humano, anterior à relação ontológica. Dessa forma, Lévinas entra em diálogo com a tradição filosófica bíblica e grega, mas ao mesmo tempo rompe com toda a tradição filosófica ocidental, que ele chama de "filosofia da totalidade", que culmina em guerras e violência.

Culpa e inocência pressupõem que o ser livre pode prejudicar outro ser livre e sofrer as consequências do mal que tenha causado, e, consequentemente, que a separação entre seres livres no seio da totalidade permanece incompleta. O esquema ontológico oferecido pelas religiões reveladas – um eu em relação com um Deus transcendente – concilia essas contradições. Ele mantém a insuficiência do ser humano, ao mesmo tempo em que preserva seu caráter de totalidade ou liberdade. Culpa ou inocência só podem ser concebidas em relação a Deus, exterior a este mundo onde o homem é tudo. A transcendência de um Deus condescendente assegura simultaneamente a separação e a relação. Além disso, o perdão divino restaura a integridade inicial ao eu faltoso e garante sua soberania, assim inalterável.

A crítica levinasiana opõe-se, assim, a todos os modelos ontológicos, incluindo o de Heidegger. O próprio *Dasein* ("ser-aí"), que pergunta, é também aquele que responde. Temos, portanto, um *Dasein* meio ensimesmado, que parece retornar à postura socrática, a uma filosofia do ego. Segundo Lévinas, todos os modelos ontológicos sempre subordinam a relação com o ente à relação com o ser, neutralizando o ente, que é então captado como "o mesmo" e não como "outro", dando supremacia ao conhecimento e ao poder, à liberdade como autossuficiência e ao saber como poder. A consciência moral surge com a descoberta da ilegitimidade dos poderes. Estamos aqui na relação com o rosto, e, assim, há uma destituição da liberdade. A metafísica com a qual Lévinas pretende caracterizar sua filosofia consiste em uma investigação acerca da subjetividade humana que indica o "mais além do ser", a transcendência metafísica que a própria ontologia pressupõe. Essa busca só poderá ser expressa na relação ética, linguagem que permite pensar o sentido do humano.

Ao defender o primado da ontologia, Heidegger também enfatiza a primazia da liberdade em relação à ética, considerando a liberdade como o horizonte da verdade. No entanto, Lévinas argumenta que conciliar liberdade e ser no conceito de verdade pressupõe a supremacia do "Mesmo".

Lévinas destaca a importância do exame de consciência na análise da falta perdoável. O perdão requer que a vítima absorva completamente o dano causado e, consequentemente, tenha pleno direito à graça. Comparado à falta mística, resultante de uma violação involuntária de um tabu, o conceito de uma falta intencional, aberta ao perdão, representa um progresso espiritual evidente. No entanto, as condições para um perdão legítimo só são alcançadas em uma sociedade em que os seres estão totalmente presentes uns para os outros, em uma sociedade íntima. Essa sociedade íntima, verdadeiramente autárquica em sua semelhança com a falsa totalidade do eu, consiste em uma relação de dois, de "mim para ti". Ela exclui a presença de terceiros, pois a entrada de um terceiro perturba a intimidade, uma vez que minha injustiça em relação a ti, que posso reconhecer completamente a partir de minhas intenções, é objetivamente distorcida por tuas relações com ele, que permanecem secretas para mim, já que estou excluído do privilégio exclusivo de tua intimidade. Se reconheço minhas injustiças em relação a ti e expresso arrependimento, posso acabar prejudicando o terceiro (LÉVINAS, 1997, p. 41).

Contrariamente a uma filosofia centrada no "Mesmo", em que a liberdade é entendida como a "determinação do Outro pelo Mesmo", própria do pensamento objetivo, Lévinas inverte os termos e "conduz para o Outro". Essa é a novidade levinasiana, uma busca de uma relação originária e original com o ser. Por meio da ideia cartesiana do infinito, Lévinas consegue expressar conceitos hebraicos na língua grega e romper com a subjetividade fechada do *cogito*, apontando para a ética como filosofia primordial, a partir da alteridade que emerge do rosto do outro como linguagem de acolhimento e bondade.

Muitas vezes se raciocina em nome da liberdade do eu, como se tivéssemos testemunhado a criação do mundo e como se fôssemos responsáveis apenas por um mundo resultante de nosso livre-arbítrio. Isso é uma presunção dos filósofos, uma presunção dos idealistas ou uma fuga dos irresponsáveis. É isso que as Escrituras censuram em Jó. A famosa liberdade dos filósofos é a responsabilidade pelo que não cometi. É a condição da criatura. Essa responsabilidade que Jó, ao examinar seu próprio passado irrepreensível, não conseguiu descobrir. '"Onde estavas quando eu criei o mundo?', pergunta-lhe o Eterno. 'Certamente, és um eu. Começo, liberdade, sem dúvida. Mas vens depois de muitas coisas e muitas pessoas. Não és apenas livre, és solidário, para além de tua liberdade. És responsável por todos'" (LÉVINAS, 1997, p. 164).

Portanto, ao refletir sobre a dinâmica do nome divino e a própria experiência, Ricoeur concluiu, em seu primeiro livro póstumo, *Vivant jusqu'à la mort*, que a mediação de sua religiosidade pelo nome divino é um acaso transformado em destino, por meio de uma escolha contínua. Esse acaso o levou a se tornar cristão. Para o filósofo francês, ser cristão significa processo de adesão primordial à vida, às palavras e à morte de Jesus. Essa adesão é compreendida pela palavra grega *pístis*. Ele se apega à profundidade e ao mistério de Javé, um nome que determina uma tradição e interpela a vida, levando-o a desenvolver uma filosofia que vai da atestação à possibilidade, de modo que o acaso não é simplesmente um acaso, mas é assumido como escolha e transformado em continuidade pela esperança. É nesse contexto que ocorre uma teologia do nome divino, sobretudo narrativa, que transmite um modo de ser e uma coragem de ser.

Ao teorizar sobre a teologia do nome divino, Ricoeur dá lugar à teologia narrativa, em vez de uma teologia dogmática ou ontoteologia sobre Deus. O nome divino carrega metáforas que configuram tradições plurais. O ponto culminante dessa interpretação está na poética, que promove a compreensão do mundo diante do texto. A prática de vivenciar a fé no nome divino é transferida do texto para a vida. A essência poética possibilita recriar o mundo de acordo com a perspectiva essencial da relação do sujeito com a narrativa bíblica. A palavra "Deus" se torna uma expressão-limite que conduz à experiência-limite, como, por exemplo, a superação da ética e do político para a transformação do mundo, inaugurada pelo texto. O mundo em que habitamos é refletido no mundo do texto, e o mundo do texto é a chave de acesso para o mundo habitado. A expressão "quanto mais..." é, de fato, o esquema que Paulo utiliza para precisar a forma e o objetivo dessa dissimetria. Se ele estabelece uma relação entre o pecado (de Adão) e a graça (de Cristo), ele destaca uma diferença radical de medida, a diferença do poder respectivo de ambos os afetar. Reconhecer isso ao longo da narrativa, antes de qualquer construção sistemática, não é começar a compreender por que a doutrina da expiação não se adequa? É preciso ousar, contra as leituras recebidas, objetar que ela simplifica de forma exagerada os dados literários em que pretende se basear. Seu simplismo – sem mencionar a crueldade de suas implicações sacrificiais – decorre do empobrecimento de sentido que ela impõe à narrativa evangélica. Embora se valha de sua força explicativa, ela se depara com essa objeção decisiva: ela negligencia tudo o que, na narrativa evangélica, se relaciona com o amor de Cristo, que não pode ser minimizado ao ser reduzido apenas à característica de Jesus histórico, pois, mais uma vez, a narrativa nos convida a pensar na direção de uma lógica de abundância, de excesso; pois é isso que devemos ousar imaginar e pensar, se quisermos fazer justiça ao sentido que nos é proposto dessa forma narrativa e oferecer a ele um quadro de inteligibilidade à sua medida (VINCENT, 2008, p. 79).

Gratuidade *versus* recompensa: dilemas da sociedade contemporânea

Segundo Marion, o filósofo cristão Jean-Luc Marion (1997) afirma que Deus se revela a nós de forma incondicional e além de qualquer lógica previsível, doando-se a nós sem limites e sem exigências. Essa visão de Deus como pura gratuidade desafia concepções tradicionais e abre espaço para um encontro pessoal e misterioso com o divino.

O Papa Francisco (2020) traz uma abordagem pastoral à gratuidade. Ele enfatiza a importância da misericórdia e do amor incondicional de Deus. Para o Pontífice, a gratuidade de Deus se manifesta de maneira especial no perdão, na compaixão e na busca pela justiça social. Ele nos encoraja a sermos agentes dessa gratuidade em nossas próprias vidas, estendendo-a aos outros por meio de gestos de generosidade e solidariedade.

Gustavo Gutiérrez (1986) destaca a dimensão social e política da gratuidade divina. Ele argumenta que a verdadeira gratuidade de Deus está presente na opção preferencial pelos pobres e marginalizados, e que a justiça social é uma expressão concreta da gratuidade divina, em que os cristãos são chamados a lutar por um mundo mais justo e igualitário.

Embora cada um desses pensadores enfatize diferentes aspectos da gratuidade em Deus, suas perspectivas não são mutuamente exclusivas. Ao contrário, podem ser vistas como complementares e enriquecedoras. A abordagem fenomenológica de Marion nos lembra da transcendência e da imprevisibilidade de Deus, enquanto as reflexões do Papa Francisco e de Gutiérrez nos desafiam a manifestar essa gratuidade divina em nossas vidas e na sociedade em que vivemos.

Ao considerar essas diferentes perspectivas, somos convidados a refletir sobre a gratuidade divina em sua totalidade, reconhecendo tanto sua dimensão pessoal e misteriosa quanto sua implicação na ação transformadora no mundo. A gratuidade em Deus é um convite para uma vida de generosidade, compaixão e justiça, trazendo esperança e transformação para aqueles que a experimentam e para o mundo ao nosso redor.

A história bíblica de Jó tem sido objeto de muitas reflexões teológicas ao longo dos séculos. Entre as abordagens contemporâneas, as perspectivas de Lytta Basset e Gustavo Gutiérrez emergem como críticas à teologia da prosperidade, entendida como uma tendência teológica que enfatiza a crença de que a bênção e a prosperidade material são sinais do favor de Deus. Segundo essa visão, uma vida de fé e obediência leva a uma vida livre de problemas e dificuldades. No entanto, Basset e Gutiérrez oferecem uma crítica profunda a essa perspectiva, trazendo à tona a complexidade e o desafio da experiência humana, conforme retratada no livro de Jó.

Lytta Basset (1999), teóloga e escritora suíça, destaca a dimensão existencial e o questionamento radical presente na história de Jó. Ela ressalta que a experiência de sofrimento de Jó coloca em xeque a ideia de uma relação direta entre a fé e a prosperidade material; e argumenta que o livro de Jó convida a uma reflexão mais profunda sobre a natureza de Deus e a complexidade da existência humana, abrindo espaço para a dúvida, a indignação e a busca por um encontro autêntico com o divino.

Gustavo Gutiérrez (1986) também oferece uma perspectiva crítica à teologia da prosperidade. Para o teólogo peruano, a ênfase na prosperidade material está em desacordo com a mensagem central do Evangelho, que chama à solidariedade com os pobres e à luta pela justiça social. A partir da história de Jó, Gutiérrez enfatiza a importância de uma teologia que reconheça o sofrimento e a injustiça presentes na vida das pessoas, especialmente daquelas que são marginalizadas e oprimidas.

Ao unir as reflexões de Basset e Gutiérrez sobre a teologia de Jó, vemos que ambos questionam a ideia simplista de uma relação direta entre fé e prosperidade material. Em vez disso, eles nos convidam a considerar a complexidade da experiência humana, reconhecendo que a vida de fé não nos isenta de desafios, sofrimentos e injustiças, e nos encorajam a adotar uma postura de solidariedade com os que sofrem e a buscar uma fé que se engaje ativamente na transformação social. Portanto, a teologia de Jó, interpretada a partir das perspectivas de Lytta Basset e Gustavo Gutiérrez, oferece uma crítica profunda à teologia da prosperidade, e nos convida a olhar além da busca por bênçãos materiais e a abraçar uma fé que reconheça a realidade.

Também sob um olhar psicanalítico, a teologia da prosperidade apresenta problemas, pois estaria rodeada por narcisismos. Essa concepção refere-se a um conceito desenvolvido por Freud para descrever a fixação ou o amor excessivo por si mesmo. Segundo a psicanálise, o narcisismo é uma fase normal do desenvolvimento psicossexual humano, mas, quando persiste de forma patológica na vida adulta, pode levar a problemas psicológicos. O psicanalista Christopher Lasch foi um crítico social conhecido por sua análise da cultura contemporânea e do narcisismo na sociedade moderna. Em seu livro *The culture of narcisism* (1979), ele argumenta que a cultura ocidental estava passando por uma mudança em direção a um tipo de personalidade narcisista, impulsionada pelo consumismo e pela busca constante de gratificação imediata, a qual enfatizava o individualismo e a autoestima inflada. Segundo ele, nessa sociedade as pessoas estavam cada vez mais focadas em si mesmas, buscando satisfação pessoal e gratificação imediata, sem se preocupar com o bem-estar dos outros ou com o impacto de suas ações na comunidade; e isso resultava em relações sociais superficiais, falta de comprometimento e uma busca incessante por estímulos e prazeres efêmeros.

Lasch também criticava a indústria cultural e a mídia, por promoverem um ideal de vida baseado na aparência, no consumo e na autoafirmação constante, e a cultura do narcisismo, que estava minando a capacidade de as pessoas desenvolverem relacionamentos significativos, compromissos duradouros e um senso de propósito e significado na vida.

Em suas críticas ao consumismo, Lasch destacava ainda que a busca incessante por bens materiais e o consumismo desenfreado estavam substituindo valores mais profundos, como solidariedade, responsabilidade social e autoconhecimento. Ele acreditava que o consumismo exacerbado levava as pessoas a se tornarem dependentes das coisas externas para sua satisfação e felicidade, contribuindo para uma sensação de vazio interior e insatisfação crônica.

IV
DIMENSÃO TEOLÓGICA DO PERDÃO

Memória e historicidade

Na alocução que precedeu, no dia 23 de abril de 2023, a oração mariana do *Regina Coeli*, o Papa Francisco nos lembrou de que, no III Domingo da Páscoa, "o Evangelho narra o encontro de Jesus ressuscitado com os discípulos de Emaús".

"São dois discípulos que, resignados com a morte do Mestre, no dia da Páscoa decidem deixar Jerusalém e voltar para casa. Talvez estivessem um pouco inquietos porque ouviram as mulheres que vieram do sepulcro. Enquanto caminham, Jesus se une a eles, mas eles não o reconhecem", enfatiza o Pontífice. Assim, aponta a necessidade de reler a nossa história a partir da história de Jesus.

Jesus "pergunta por que estão tão tristes, e eles lhe dizem: 'És tu acaso o único forasteiro em Jerusalém que não sabe o que nela aconteceu estes dias?'. O Senhor pergunta: 'O quê?', e eles lhe contam toda a história. Jesus lhes deixa contar a história. Enquanto caminham, os ajuda a reler os fatos de uma maneira diferente, à luz das profecias, da Palavra de Deus, de tudo o que fora anunciado ao povo de Israel. Reler: é o que Jesus faz com eles, ajuda a reler", afirmou o Pontífice.

Há uma ligação intrínseca entre o termo "historicidade" e o termo "história". Essa ligação se encontra quando concebemos o segundo termo como o surgimento de algo novo, não predeterminado por causas, ou como o conjunto de acontecimentos (distintos dos processos puramente naturais e determinísticos) que têm seus fundamentos na liberdade pessoal ou na liberdade da comunidade humana. A historicidade é compreendida como história viva, enquanto se realiza na opção do presente. Trata-se, portanto, da historicidade do existente aqui e agora, embora se refira também ao passado, mas somente enquanto esse passado pode ser reassumido agora, na atualidade de um novo significado e de uma opção livre (o passado tornado, então, verdadeiramente "meu passado", e não mais um passado anônimo).

A existência histórica ou a historicidade terá sua base de autenticidade; também enquanto e porque exercício de intersubjetividade, isto é, enquanto operação dialogal com o outro; enquanto reconheço o outro como outro (como tal) e, por esse reconhecimento, ele passa a ser de igual forma um "indutor existencial" para mim – "razão de uma liberdade". Mais que uma característica ao lado das outras, a historicidade é a cristalização ou a condensação de todos os elementos fundamentais da existência. O ser humano é um ser histórico pelo fato de ter de realizar sua própria existência, junto com os outros, no mundo.

A memória está intimamente ligada à história, pois existe uma experiência da memória, e a partir dessa experiência é que podemos contar uma história. O historiador não depende do testemunho; só podemos falar de historicidade por meio dos fenômenos. A partir disso, surgirão algumas perguntas com base nesse conceito de história relacionado ao perdão: como na história é possível perdoar o Holocausto? No entanto, não podemos dizer e não se sabe afinal se a história é um remédio ou um veneno, ou ainda se ambos. Ela é um conjunto de fatos, de diversas formas, pois esses fatos são íntimos de cada um, e com isso o perdão aparece para fazer uma releitura desses fatos.

A história é integrante da memória, na qual a representação deve se tornar uma capacidade do conhecimento histórico; é algo que não existe mais, mas existiu realmente. Quando entendemos a história como o surgimento de uma novidade, de algo novo, que não é predeterminado por nenhuma causa, a entendemos como o conjunto de acontecimentos que possui sua raiz na liberdade pessoal ou na liberdade da comunidade. De maneira bem popular, esse conceito de história sempre irá se referir ao passado, ao que já aconteceu, ao que já foi vivido com tristezas ou alegrias; é preciso que entendamos a história como aquilo que é singular, próprio de cada pessoa ou cidade, aquilo que é limitado e finito no espaço e no tempo.

A influência da Pós-Modernidade na teologia

Na perspectiva moderna, a razão assumiu o lugar de Deus. No entanto, o racionalismo mostrou seus limites ao ignorar dimensões essenciais da existência humana, como o aspecto religioso. A "sagrada" é a própria vida presente, onde a esperança se manifesta.

A ideia da morte de Deus tem uma dupla origem histórica: metafísica e cristã; ambas precisam ser distinguidas, apesar de sua estreita conexão. O destino do cristianismo em um contexto pós-metafísico depende dessa distinção. A partir desse ponto comum, ou a metafísica e o cristianismo se tornam idênticos para sempre, ou a ideia da morte de Deus obriga a metafísica e o cristianismo a se separarem de tal forma que uma teologia cristã, não totalmente livre da metafísica, mas que assuma uma postura livre em relação a ela, se torne possível.

Ao afirmar a existência de transcendência, esta só pode ocorrer dentro da própria imanência. Assim, alcançamos a superação do sujeito metafísico no sentido moderno. Por outro lado, a "morte de Deus" não implica o fim da metafísica, mas sim o fim de uma verdade absoluta e da certeza de compreender a "coisa-em-si". Aqui há terreno livre e possível ao perdão.

Sendo assim, a teologia deve compreender o que o discurso sobre a morte de Deus significa no contexto do pensamento global e avaliar seu significado em um contexto especificamente teológico. O problema oculto por trás desse termo será o ponto de referência (DUQUE, 2016, p. 97).

Libanio (1990) também destaca a importância e as possibilidades abertas para a teologia, pelo desconstrutivismo pós-moderno. Deus designa a diferença por excelência em um mundo de subjetividades expostas e ao mesmo tempo conectadas pela consciência niilista de despojamento, abertura, gratuidade e dom. Em razão de sua lógica *kenótica*, o cristianismo é chamado a ser a consciência contínua que ultrapassa a religião, a teologia, a ciência, a técnica e a racionalidade absoluta como controle pretensioso do mundo. Assim, é possível manter a condição apofática do discurso, da prática, dos desejos e das ações humanas, pois elas são profundamente marcadas por sua dissolução no nada.

A indiferença fundamental estabelece o sujeito em sua relação com o mundo, revelando a abertura da existência em sua origem fenomenológica. A subjetividade pronominal surge posteriormente para superar essa indeterminação, buscando nos ensinar a viver no mundo da vida. No entanto, o nada permanece como a origem sem origem do devir, além de qualquer determinação de significado, valor, sentido e fundamento.

No final do século XX, a teologia pós-moderna surge como um arco-íris de experiências e linguagens que tentam articular o Mistério divino por meio de uma diversidade de expressões, experiências e contextos. Essa diversidade corresponde à multiplicidade de subjetividades que vivenciam a presença amorosa e inovadora de Deus em suas histórias pessoais. Cada narrativa coletiva dessas subjetividades busca ser reconhecida, respeitada e promovida. É necessário situar cada narrativa na própria cultura e subcultura, com base nos microrrelatos que surgem, a partir dos quais é possível contar a fragmentada história da salvação.

Nancy (2010), influenciado por Derrida, postula a desconstrução como o método próprio da ontologia, como uma renúncia à onipotência, buscando alcançar a consciência de "si-como-outro", quando a finitude da fragilidade humana já se tornou presente para o espírito e para o corpo. Nesse contexto, a diferença significa a afirmação de si mesmo por meio do abandono de si. Derrida propõe a abertura extrema e ilimitada do "si-mesmo" para os outros como ação de diferenciação, e Jean-Luc Nancy (2010), um importante comentador de Derrida, propõe a desconstrução do cristianismo com base na lógica da *kénosis* do Logos, o esvaziamento do poder divino e do papel do cristianismo do Ocidente. Segundo Nancy, Cristo inaugurou uma consciência aguda da agonia, uma presença-ausência que está sempre ativa na meta-história. O perdão se apresenta como uma possibilidade de uma espécie de "contralógica" da história.

Parece que o cristianismo se desenvolveu de maneira única, afirmando poder, dominação e exploração teológico-econômico-política, dos quais Roma se tornou um símbolo forte, e ao mesmo tempo parte da realidade e de uma negação de si. O ponto de fuga desse processo seria o autodesvanecimento, mas a questão a ser considerada é a natureza da estrutura desse autodesvanecimento: é uma ultrapassagem dialógica totalmente nova. Em última análise, trata-se de como o monoteísmo se manifesta como humanismo e de como o humanismo enfrenta a finitude que entrou na história. A postura mais autêntica torna-se uma existência niilista, vivida nos limites de si mesma. É uma existência experimentada por um sujeito vulnerável, que se confrontou diretamente com uma vida que constantemente encara a morte.

A criação, que surge da analogia trinitária, é entendida principalmente como diferenciação, como origem da condição de relação e vice-versa, e não simplesmente como produção. A carne, como a relação do sujeito com o tempo, o espaço e o outro, especialmente por meio da sexualidade, se manifesta como a realização humana da diferença-relação e, portanto, como a condição do próprio humano. A encarnação pode ser vista como a realização e a confirmação desse caminho de salvação. Segundo a teologia cristã, não há humanidade salva sem a incorporação da carne e sem referência à encarnação do Verbo.

Trata-se do niilismo vivenciado ao extremo, como a possibilidade de um mundo diferente, não baseado na identidade, mas sim na diferença, conduzido como uma vida até o fim. São mundos que estão além do fundamento, da significação, do sentido e do valor, e que se tornaram verdadeiros ídolos nos sistemas de totalidade. Em última análise, é um mundo de frente para o nada.

"Deus sem absoluto" e a vulnerabilidade da condição humana diante da morte – uma reescrita: abertura ao perdão

Com uma ampla gama de escritos sobre hermenêutica bíblica e filosófica, a obra de Ricoeur estabelece uma clara distinção entre seus trabalhos filosóficos e seu campo confessional. No entanto, ele reconhece a tênue e complexa fronteira entre esses dois domínios. Assim, a articulação entre o filosófico e o teológico é um tema que perpassa toda a sua vida e obra.

Em sua obra póstuma, intitulada *Vivant jusqu'à la mort: suivi de fragments* e publicada em 2007, Ricoeur se define como um "filósofo sem absoluto", um termo inspirado pela "filosofia sem absoluto" de seu amigo Pierre Thévenaz. Essa afirmação expressa uma atitude agnóstica diante da iminência da morte e pode parecer paradoxal para um filósofo que se autodenominava "filósofo e protestante". No entanto, argumentamos que a crítica ao absoluto é precisamente o que aproxima Ricoeur de uma postura pós-moderna.

Em *Fragmento* (RICOEUR, 2007b), essa atitude agnóstica em relação à morte é fundamentada na retomada do pensamento de Pierre Thévenaz, que Ricoeur abordou pela primeira vez em suas *Lectures 3*. O termo "sem absoluto" é crucial, pois reflete uma postura coerente em toda a trajetória do autor, seja em suas reflexões de natureza confessional, seja naquelas de natureza filosófica.

Na tentativa de não confundir esses dois gêneros, Ricoeur estrutura seu pensamento, paralelamente ao "sem absoluto", em torno da noção de "promessa". Essa ideia enfatiza que o estilo filosófico de Ricoeur não separa a dimensão discursiva e a ativa da condição humana. Esse estilo implica um ato de responsabilidade para preservar a própria identidade em todas as circunstâncias por meio da obra escrita. O caráter de engajamento está implicitamente presente no prefácio de *Soi-même comme un autre* (RICOEUR, 1990).

A declaração "viver até a morte", em vez de "viver para a morte", contrasta com o tema do "ser para a morte" de Heidegger. Aos olhos de Ricoeur, o "para" a morte de Heidegger parece enfraquecer as múltiplas possibilidades do ser. Portanto, Ricoeur coloca um acento diferente ao usar a expressão "até" a morte. Ele apresenta uma tríade de aceitações da morte, na qual é necessário percorrer o caminho proposto pelo "até" a morte. Essa tríade é composta de a morte do eu, a morte dos próximos e a morte dos outros. A morte do eu é inicialmente confrontada pelo desejo de viver diante da morte iminente, seguida pela vinculação da morte dos próximos à antecipação da própria morte, e, por fim, a morte dos outros está relacionada à morte violenta.

CONCLUSÃO

Dentre outros caminhos, podemos afirmar que o perdão é a síntese entre memória, história e esquecimento. Essa afirmação, em última análise, revela a conexão do perdão com elementos antropológicos, mas vai além disso, pois o perdão existe a partir do horizonte da esperança, transcendendo a contingência. Essa é a razão pela qual Ricoeur trilha um caminho em via dupla: o da filosofia e o da teologia. A "inspiração teológica" se mostra essencial e inspiradora para a discussão do perdão.

Dessa forma, concluímos que o perdão é a fonte da verdadeira liberdade, pressupondo a possibilidade da falta. Na dualidade entre o eu/si e a origem do eu/si, encontramos a divisão entre o eu/si livre e o eu/si escravo. Essa divisão se manifesta externamente entre o eu/si livre que concede o perdão e o culpado. O culpado se apresenta em duas figuras:

aquele que se recusa a se redimir e aquele que confessa e se arrepende.

A posição inicial do culpado é expressa metaforicamente como uma distância imensa entre o abismo da falta e a altura do perdão. A culpabilidade metafísica se manifesta primeiro na consciência por meio de metáforas. A fenomenologia tenta trazer esses aspectos à luz, buscando um retorno ao eu/si por meio de instituições e relações interpessoais. À luz do perdão, o efeito da falta aparece como uma expulsão do eu/si e do mundo, e são mobilizados todos os meios disponíveis do mundo e do eu/si para estabelecer um retorno guiado e conduzido pelo próprio perdão.

A confissão é o ato de atribuir a falta a si mesmo. A força da ligação que é estabelecida nessa atribuição é a mesma que encontramos na fenomenologia da memória, que constitui a primeira parte de *La mémoire, l'histoire, l'oubli*. Nessa etapa, encontramos uma condição essencial: a *epoché* da culpabilidade. Essa *epoché*, juntamente com a *epoché* de Deus, constitui o gesto inaugural da *Philosophie de la volonté*, na qual a ascensão progressiva conduziu à descrição do ser humano falível e a uma simbologia do mal (a falta efetiva e sua confissão pela consciência religiosa), chegando ao limite de uma poética da vontade (a falta efetiva e sua confissão pela consciência) projetada, mas não realizada. Essa abordagem é retomada na forma de uma fenomenologia da confissão sob o signo do perdão. Isso se torna possível por meio de um retorno imperceptível anterior: a esfera jurídica revela uma estrutura da confissão que modifica a relação com a esfera religiosa. A consciência religiosa deixa de ser o local privilegiado da confissão, graças à sua linguagem simbólica de origem da bondade para além do mal. Ela está disponível ao culpado ao longo de todo o caminho, acompanhando-o em sua jornada.

Após examinar a consciência do perdão no momento inicial em que o mal é contrastado, estudamos a maneira pela qual a consciência do culpado será capaz de expressar sua confissão diante dos outros. A ação se distingue da obra e do trabalho pela própria temporalidade. O trabalho se completa em sua realização, enquanto a obra pretende durar indefinidamente, mas a ação simplesmente deseja continuar. Ela se diferencia também por sua inserção direta na pluralidade, que expõe sua fragilidade: a irreversibilidade que afeta a pretensão de tornar o ato absoluto, à qual o perdão responde, e a imprevisibilidade que afeta as consequências da ação, às quais a promessa responde. Essas faculdades simétricas são características do ser humano que age na pluralidade. Do lado do perdão, a liberdade e seu complemento jurídico, a sanção, interrompem o ciclo da violência. Assim, encontramos novamente o caminho de ligação da reciprocidade entre perdoar e punir.

Existe uma simetria entre promessa e perdão, sendo que a promessa tem uma ligação política direta que o perdão não possui. A promessa é como a "memória da vontade". Ela é a força vital pela qual o ser humano se renova além da força do esquecimento, que o havia neutralizado em uma ordem determinada. Ela se manifesta como uma memória, a memória da vida, a memória de um eu/si vivo que permite ao ser humano prometer e responder a partir de si mesmo como promessa. Dessa forma, podemos afirmar com Ricoeur que não há uma política do perdão, caso isso signifique que uma instituição deva concordar com o perdão sem ver nessa instituição uma prova fundante do pedido de perdão. Como entender, então, a posição de Arendt, que Ricoeur toma como inspiração, a qual inclui o perdão na política, em simetria com a promessa? Ricoeur propõe uma interpretação bastante singular: distingue a esfera do amor da esfera política e as conecta por meio do respeito, correspondente do amor na política. Assim, nos aproximamos do que chamamos de "consideração" ou "reconhecimento". É esse reconhecimento que se revela temporalmente na promessa e no perdão.

Dessa forma, podemos destacar duas vias estabelecidas para o perdão: a via da alteridade e a via do reconhecimento.

A segunda via é mais fundamental, pois é nela que encontramos a retomada bíblica da regra de ouro e a lógica que serve de base para o perdão: a lógica da superabundância.

É plausível reconhecer a interseção entre o registro filosófico ou ético e o registro religioso. A ideia de prioridade do outro, que ressoa com ênfase em uma dimensão moral conveniente ao ponto de vista religioso, possui também um alcance expressivo na filosofia, especialmente na ética. A partir do contexto ético da solicitude e da justiça, o amor introduz um elemento de reciprocidade que pode implicar a transposição do limiar entre a ética e a mística.

A manifestação do conhecimento de Deus como amor ocorre quando Deus capacita o amante a amar. Deus não é compreendido como um objeto (portanto, não é um ente nem um ser a partir de um sujeito), mas como um excesso crescente de doação intuitiva. Assim, o homem se coloca na posição de atribuir o nome de Deus à "experiência" desse excesso. É somente por meio do dom que o homem é capacitado a transcender o ser e a metafísica, desafiando até mesmo a diferença ontológica.

Contudo, considerar-me como um lugar, uma casa, uma morada, um refúgio para o outro, exposto à ameaça da possibilidade do nada, é a realização da hospitalidade como a fonte primordial da identidade humana. Eu sou aquele que, em minha singularidade irrepetível, acolhe o outro, que me é estranho, em sua singularidade irrepetível e em sua estranheza constitutiva, identificada com sua incômoda presença corporal.

REFERÊNCIAS BIBLIOGRÁFICAS

ANDRADE, Bárbara. *Pecado original... ou graça do perdão?* São Paulo: Paulus, 2007.

BASSET, Lytta. *Le pardon originel*: de l'abîme du mal au pouvoir de pardonner. Paris: Les Éditions Du Cerf, 1994.

BASSET, Lytta. *Le Pouvoir de pardonner*. Paris: Éditions Albin Michel, 1999.

BASSET, Lytta. *Au-delà du pardon, savoir tourner la page*. Paris: Presses de la Reinaissance, 2006.

BIRMAN, Joel. *O sujeito da contemporaneidade*. Rio de Janeiro: Civilização Brasileira, 2019.

CAUSSE, Guilhem. *Paul Ricoeur*: mal et pardon. Paris: Éditions Facultés Jésuites de Paris, 2013.

DOSTOIÉVSKI, Fiòdor. *Os irmãos Karamazov*. São Paulo: Editora 34, 2012.

DUQUE, João Manuel. *Para o diálogo com a Pós-Modernidade*. São Paulo: Paulus, 2016.

GREISCH, Jean. *Le buisson ardent et les lumières de la raison*: l'invention de la philosophie de la religion. Paris: Cerf, 2004.

GUTIERREZ, Gustavo. *Hablar de Dios desde el sufrimiento del inocente*: una reflexión sobre el libro de Job. Lima: Instituto Bartolomé de las Casas, 1986.

FREUD, Sigmund. *Luto e melancolia*: obras completas. São Paulo: Companhia das Letras, 2010. V. 12.

JERVOLINO, Domenico. *Paul Ricoeur*: une herméneutique de la condition humaine (avec un inédit de Paul Ricoeur). Version 6.0. Paris: Ellipses, 2002.

LASCH, Christopher. *The culture of narcisism*. New York: Warner Barner Books, 1979.

LÉVINAS, Emmanuel. *Entre nós*. Petrópolis: Vozes, 1997.

LIBANIO, João Batista. *América Latina*: 500 anos de evangelização. São Paulo: Paulinas, 1990.

MARION, Jean-Luc. *Étant Donné*. Paris: PUF, 1997.

MAUSS, Marcel. *Ensaio sobre o dom*: forma e razão das trocas nas sociedades arcaicas, São Paulo: Edições 70, 1998.

MIES, Françoise (org.). *Bíblia e filosofia*: as luzes da razão. São Paulo: Loyola, 2012.

NANCY, Jean-Luc. *La déclosion (Déconstruction du christianisme I)*. Paris: Galilée, 2005.

_____. *L'adoration (Déconstruction du christianisme II)*. Paris: Galilée, 2010.

PAPA, Francisco. *Fratelli tutti*: sobre a fraternidade e a amizade social. Vaticano: Libreria Editrice Vaticana, 2020.

_____. *Regina Coeli*. III Domingo da Páscoa, "o Evangelho narra o encontro de Jesus ressuscitado com os discípulos de Emaús". 23 de abril de 2023.

RICOEUR, Paul. Herméneutique de l'idée de Révélation. In: RICOEUR, Paul; LÉVINAS, Emmanuel. *La Révélation*. Bruxelles: Facultés Saint Louis, 1977.

_____. La Bible et l'imagination. *Revue d'histoire et de philosophie religieuses*, n. 62, p. 339-360, 1982.

_____. *Du texte à l'action*. Paris: Seuil, 1986a.

_____. *Le mal, un défi à la philosophie et à la théologie*. Genève: Labor et Fides, 1986b.

_____. *O discurso da acção*. Lisboa: Edições 70, 1988.

_____. *Soi-même comme un autre*. Paris: Seuil, 1990.

_____. *Penser la Bible*. Paris: Seuil, 1998.

_____. *La mémoire, l'histoire, l'oubli*. Paris: Seuil, 2000a.

_____. *L'herméneutique biblique*. Paris: Les Éditions du Cerf, 2000b.

_____. *A hermenêutica bíblica*. São Paulo: Loyola, 2006.

_____. *A memória, a história e o esquecimento*. Campinas: Editora Unicamp, 2007a.

_____. *Vivant jusqu'à la mort*: suivi de fragments. Paris: Seuil, 2007b.

THÉVENAZ, Pierre. *La condition de la raison philosophique*. Neuchâtel: Éditions de la Baconnière, 1960.

VINCENT, Gilbert. *La religion de Ricoeur*. Paris: Éditions Ouvrières, 2008.

Rua Dona Inácia Uchoa, 62
04110-020 – São Paulo – SP (Brasil)
Tel.: (11) 2125-3500
paulinas.com.br – editora@paulinas.com.br
Telemarketing e SAC: 0800-7010081